無理なくできる
学校のICT活用

**タブレット・電子黒板・
デジタル教科書などを使った
アクティブ・ラーニング**

長谷川 元洋 監修・著
松阪市立三雲中学校 編著

目 contents 次

- はじめに ……………………………………………………… 6
- 特別寄稿 ● 次期学習指導要領に向けたICT活用 …………… 8
- プロローグ ● 生徒1人1台のタブレットが導入される！
  ─「10の不安」をどう解消したのか ─ …………… 10

第1章 ICTを活用した新たな学び方教え方

1. ICTを活用したアクティブ・ラーニングの必要性 ………… 16
2. 協働学習とICT活用 ………………………………………… 18
3. 7つの協働学習モデル ……………………………………… 22
4. 5つの「学習目的別協働学習モデル」……………………… 26
5. つなぐ活用 ヒト─場所─時間 そして学びのつながりへ …… 30

第2章 すべての教師が活用できる体制をつくる

1. 校長として何をすべきか？
   ─実証事業スタート時に考えたこと、取り組んだこと ─ … 34
2. 教育委員会としての支援 …………………………………… 38
3. 3つの校内研修 ……………………………………………… 42

第3章 日常的なICT活用のために

1. 環境整備のために …………………………………………… 48
   - （1）教室4点セット ……………………………………… 48
   - （2）全教室に機器を整備（教育委員会の対応）………… 50

第3章

　　（3）450台一斉アクセス可能な状況をつくるための取組
　　　　　（学校、複数企業の協力の必要性） ……………………… 52
　　（4）フィルタリング ……………………………………………… 53
　　（5）朝の連絡サイト（教員ポータル） ………………………… 55
　　（6）支援員の呼び出しシステム（メッセージ） ……………… 56
❷ 学習基盤確立に向けて ……………………………………………… 59
　　（1）授業規律 ……………………………………………………… 59
　　（2）ノートづくりと生徒の学び ………………………………… 62
　　（3）「持ち帰り」と「家庭学習」 ………………………………… 64
　　（4）担任教師による「情報モラル学習」の授業 ……………… 66

第4章 ICTを活用した授業デザイン

❶ 導入から現在までに直面した3つのハードルとその解決策 …… 70
　　（1）落とし穴①
　　　　　「タブレットは魔法の道具、使わなければならない?!」…… 70
　　（2）落とし穴②
　　　　　「こんなことができる」「あんなことができる」………… 72
　　（3）落とし穴③
　　　　　「新入生スタートダッシュ、あれもこれも」……………… 74
❷ 生徒が学習効果を実感したタブレット端末の6活用 …………… 77

第5章 生徒の活動場面別のポイント〈28実践〉

❶ 一斉学習の場面 ……………………………………………………… 82
　実践1● 新出単語の導入と実物投影機による基本文の
　　　　　確認のためのデジタル教科書の活用（英語）…………… 82
　実践2● 古典の授業におけるICT機器（国語）……………………… 84

第5章

実践3 ● グループ練習でのBefore After（音楽） …… 86
実践4 ● 視覚的な比較による理解（数学） …… 88
実践5 ● 資料を生徒に提示する（社会） …… 90
実践6 ● 個人情報漏洩の疑似体験（技術・家庭） …… 92

❷ 個人学習の場面での活用 …… 94
実践1 ● 身近な地域の調査（社会） …… 94
実践2 ● モデリングによるダンス技能の習得（保健体育） …… 96
実践3 ● 発見能力の伸張と試行錯誤の
　　　　時間確保のためのICT活用（数学） …… 98
実践4 ● 自分たちの動きを動画で撮影し
　　　　1人1人が確認し技能を習得する（保健体育） …… 100
実践5 ●「数学いろいろプリント」による
　　　　1人1人の興味づけ（数学） …… 102
実践6 ● 停止画をコマ撮りし、動画作品を創り
　　　　1人1人が確認し技能を習得する（美術） …… 104
実践7 ● ネットショッピングの疑似体験（家庭） …… 106
実践8 ● 穴埋め活動による繰り返し指導での
　　　　文法の定着（英語） …… 108
実践9 ● 音と波形を動画で記録──前時、本時、次時と
　　　　学びをつなげるICT機器の活用（理科） …… 110
実践10 ● 難しい内容でのドリル教材の活用（社会） …… 112
実践11 ● 生活単元学習におけるICT機器の利用（特別支援学級） …… 114

❸ 協働学習の場面での活用 …… 116
実践1 ● 強い構造の特徴を見いだす（技術・家庭） …… 116
実践2 ● 資料の比較・検討から食べ物による
　　　　動物の体のつくりの違いを知る（理科） …… 118
実践3 ● 音の可視化で、知的好奇心をくすぐり、
　　　　学びを促進（理科） …… 120

第5章

実践 4 ● カラー資料についての気づきや考えを共有・
発表・文章化する単元を貫く言語活動（国語） ……… 122
実践 5 ● 個人思考とグループ思考で練り上げた群読（国語）…… 124
実践 6 ● 効果的な古文の音読（国語） ……………………………… 126
実践 7 ● 登場人物に対する思いを、
根拠を明確にして表現する（国語） ……………………… 128
実践 8 ● ICTを活用したグループ思考による英作文（英語） …… 130
実践 9 ● グループ学習を通して、
難しい問題にチャレンジ（数学） ………………………… 132
実践10● 班で動画を撮影、確認して
聴き手を意識したスピーチ方法を習得する（英語）…… 134
実践11●「ダンス」の中間発表会で
動きの確認をする（保健体育） …………………………… 136

第6章 教科の授業外での活動

❶ 生徒会活動（電子投票） ……………………………………… 140
❷ 部活動での活かし方 …………………………………………… 141
❸ 防災教育での活かし方 ………………………………………… 142
❹ テレビ会議による遠隔交流 …………………………………… 143
❺ 校外学習での活用 ……………………………………………… 145
❻ 星座観察会での活用 …………………………………………… 146
❼ 健康観察での活用 ……………………………………………… 148

エピローグ ● 三雲中学校の5年間の実践研究をふり返って ……… 150
あとがき ………………………………………………………………… 157
執筆者一覧 ……………………………………………………………… 158

はじめに

　本校は、2011年度より総務省の「フューチャースクール推進事業」、文部科学省の「学びのイノベーション事業」の指定により、生徒1人1台のタブレット、無線LAN等のICT環境が整備され、これらの環境を活かして、「教えあい学びあう協働学習」「ICT機器の利活用」の実証研究を進めてきました。事業終了後も松阪市の情報教育関連の事業の指定により、引き続き実証研究に取り組み、5年目を終えようとしています。

　当初から「公立中学校０からの挑戦」を掲げ、生徒指導、部活動など日常の教育活動はもちろん、人事異動も含めて、『一般的な中学校』として、公開研究会では、全学級で授業公開、日常の視察訪問では、その時の時間割で全学級公開を原則として、『すべての教職員』で取組を進めてきました。国の計画にある「すべての学校にタブレット端末等の整備がなされ、ICTが進んだ21世紀にふさわしい学校教育を実現する」という2020年まで、引き続き、実践研究と、情報発信を続けていくことが私たちに課せられたミッションと考えています。すべての学校ということからも『一般的な中学

校』『すべての教職員』というコンセプトは、これからも大切にしていきたいと考えています。

　今後も、本校のICTの環境を最大限に活用し、協働学習に取り組んでいくことで、生徒の思考力・判断力・表現力等を育成するための言語活動の充実を図り、課題の発見・解決に向けて主体的・協働的に学ぶ「アクティブ・ラーニング」など「新たな学び」に向けた授業デザインに取り組んでいきたいと考えています。

　本書は本校のつたない実践のまとめではありますが、ICTを活用した「新たな学び」の実践が広がることに少しでもお役に立てば幸いです。
　　2016年3月

　　　　　　　　　　　　　　　　　　　　　松阪市立三雲中学校
　　　　　　　　　　　　　　　　　　　　　　校長　川口 朋史

特別寄稿

次期学習指導要領に向けたICT活用

東北大学大学院情報科学研究科教授　堀田龍也

1. 教育改革の流れ

　2015年8月26日に中央教育審議会教育課程企画特別部会が、次期学習指導要領に向けた論点整理を提出した。

　今回の教育改革は、従前のものと比較しても相当大きい。グローバル化が急速に進む社会と、予測される人工知能の台頭による産業構造の変化、少子高齢化が進み生産人口が減少する我が国の実状を踏まえ、学校の意義の見直しという根底から検討し直している。また、学習に関する近年の研究成果を踏まえ、個別の事実に関する知識を、社会の中で汎用的に使うことのできる概念等に関する知識に構造化していくための学習活動や指導法に踏み込み、教科等の本質から議論し直し、カリキュラム・マネジメントを前面に押し出していることも特色である。個々の教科、個々の教員のみならず、学校というチームの最適化、各教科等の横断的なリ・デザイン、そして大学入試や高等学校の学力・学習状況調査という学習者の時間軸を意識した中教審の取組は、いわば総力戦による教育改革である。

　これらの教育改革の流れと、三雲中学校が取り組んできた1人1台のタブレットの導入による授業とは、昨今大きく話題になっている「アクティブ・ラーニング」というキーワードでつながっている。

2．アクティブ・ラーニングとICT活用

　課題への追究は、一人学びとか個による追究などと言われるような、いわゆる「まずは自分で検討してみる」ものとして行われる。追究した結果、生徒によって異なる考え方、解決過程などが生じていることだろう。それぞれの考えをお互いに確かめ合い、整理し、どの方法がより良いものかを検討していくことになる。これが協働的な学びである。

　三雲中学校では、生徒が1人1台のタブレットを活用している。紙のノートを越えるタブレットの可能性として、考えを記録する際に写真等を活用した表現が簡単にできること、グラフ等を簡単に作成できること、インターネット上にある資料を参照すること、過去の学習成果を参照できることなどがある。無線LANが整備されているので、複数の生徒の画面を比較することが可能となるし、いちいち前に出て行く必要もなくなり効率がよくなる。

　このようなことが教室で繰り返されている三雲中学校では、生徒が主体的・協働的に学ぶ習慣ができあがっている。しかも、協働的な学びをいくつかの種類に分類し、それぞれの協働性について考察し、どの教科のどの学習活動に適しているか、それぞれの協働的な学びでの教師の役割はどんなものかについて検討している。次期学習指導要領に向けたICT環境の整備と、そこで行われる学習活動、とりわけこれからの時代に極めて重点化される協働的な学びについての好例として、三雲中学校の研究が存在する。思考力が大きく育つ中学生だからこそ、三雲中学校の実践には高い価値があり、私たちは三雲中学校の実践に、今、大いに学ぶべきである。

Prologue
プロローグ

生徒1人1台のタブレットが導入される!
―「10の不安」をどう解消したのか―

> 来年度から、本校も全教室に電子黒板、
> 生徒全員に1人1台のタブレットの導入をします。

　突然、こんな話を聞いたら、みなさんは何を思うだろうか。「期待」「不安」などいろいろな思いが入り交じるだろう。私たちもICT機器の導入が決定したとき、いろいろな思いがあった。

　導入された2011年に、教員の思いを知るためにアンケートを行った。その結果、「不安」を感じる教員が多いことがわかった。それを「10の不安」としてまとめ、それを解消することで、ICT活用を促進しようと考えた。

「10の不安」（2011年実施のアンケートより）

❶「ICT機器はなくても授業はできるので…」
　　　――ICT機器未体験――

・これまで行ってきた授業で特に困ったことがない。新しいことをしなくても授業はできる。よくわからないICT機器を活用した授業を進めることに不安がある。

❷「ICT機器を触ったことがない…」
――ICT機器未整備――

・社会の流れを見て、教育の情報化には興味があり、授業で機器を活用してみたい。しかし、情報機器が近くになく、今まで触ったことがないため、授業で使えるのか不安だ。

❸「毎日、忙しい！」
――多忙感――

・学校では授業準備、教材研究など授業に関することだけでなく、部活動や生徒指導など、日々行うべきことが盛りだくさんである。そこにICTを活用した授業を行うために、新たに研修を行う時間はなかなかとれない。

❹「ICT機器を活用して学習効果を上げる方法がわからない」
――ICT機器の活用イメージができない――

・ICT機器を活用する授業をこれまでやったことがないため、そうした授業のイメージができない、学習効果もわからないので不安である。まだ実践例も少なく、良い活用の仕方のイメージができないことが心配である。

❺「全員がネットにつながる端末を持つなんて…」
──情報モラル・情報セキュリティ──

・ニュース等でネットに関わるトラブル情報があふれている。生徒1人1人がネットにつながる端末を持つことでトラブルが起き、生徒指導が大変になるのでないか。
・教員もまだスマホを持っている者が少ない。ネット利用に起因するトラブルに対する生徒指導ができるか不安である。

❻「故障や破損したときはどうするの？」
──機器トラブル──

・タブレットを破損した場合、修理費はどうするのか。
・代替端末はどうすればいいのか。

❼「タブレットを見続けると視力低下などの影響が…」
──健康への影響──

・毎時間、タブレットの画面を見続けたら視力の低下につながるのではないか。
・スマホ依存症という言葉があるように、生徒はタブレットに頼り切ってしまわないか。

❽「漢字が書けなくなるのでは…」
──学力への影響──

・タブレットで文字入力をすると漢字変換が容易になるが、そのことで生徒は漢字を覚えなくなってしまうのではないか。

❾「授業中に機器トラブル発生。どうしたらいい？」
―― ICT支援員の整備 ――

・トラブルが起こったときは誰に助けてもらったよいのか。また、そのトラブルを想定して、アナログ資料など別の教材を準備するのは効率化といえないのではないか。

❿「Windowsで作った教材はiPadで使えるの？」
―― 具体的な活用法 ――

・OSが異なると、これまでに作成した資料は使えなくなるのではないか。これまで使ってきたOSと異なると使いにくいのではないか。

　おそらく、これらの10の不安はICT機器の導入が予定される学校、あるいはICT機器が導入された初期の学校であれば、どこの学校でも考えられる課題であろう。
　これまで5年間の取組を進めてきて、これらのいくつかの不安は解消されている。
　この5年間で、全国的に「学校へのタブレット導入」に関する話題も増えてきた。また、実際にタブレットを導入した学校の授業実践事例も増えてきた。その際、教育効果に加え、どの機種が何台整備されたのかなどの、ICT整備の環境が注目されやすい。どのような環境であれ、活用するのは子どもたち、教員たちである。機器ありきの実践にならないためにも、まず、学校として考えるべきことは、私たち教員がICTの活用目的についての共通理解を深めること

である。また、教員が不安を覚えるのであれば、それらを出し合い、その不安点を少しでも解決するために、何をすべきか、何ができるかを計画しそこから進めていくことが大切である。教員同士が力を合わせて、チーム学校で問題を解決していくことによって、組織力の向上も期待できる。 　　　　　　　　　　　　　　（楠本　誠）

第1章 ICTを活用した新たな学び方教え方

第1章

① ICTを活用したアクティブ・ラーニングの必要性

　近年、アクティブ・ラーニングという言葉をよく耳にするようになった。元々は大学教育に関する資料等の中で使われていた言葉が小中高の教育現場でも使われるようになったのは、次期学習指導要領改訂に向けた議論の中で、この言葉が使われるようになったためである。次期指導要領改訂に向けた論点を整理した資料（文部科学省　2015）には、「次期改訂が目指す育成すべき資質・能力を育むためには、学びの量とともに、質や深まりが重要であり、子供たちが『どのように学ぶか』についても光を当てる必要があるとの認識のもと、『課題の発見・解決に向けた主体的・協働的な学び（いわゆる「アクティブ・ラーニング」）』について、これまでの議論等も踏まえつつ検討を重ねてきた」と書かれている。

　これは、学校教育法第30条第2項「生涯にわたり学習する基盤が培われるよう、基礎的な知識及び技能を習得させるとともに、これらを活用して課題を解決するために必要な思考力、判断力、表現力その他の能力をはぐくみ、主体的に学習に取り組む態度を養うことに、特に意を用いなければならない」（中学校、高校にも準用）や「確かな学力」（**右図**）とも関係があり、まったく新しいことをしなければならないというわけではない。

　しかし、これらの力を身につけさせるためには、一斉学習の形態の授業だけでは不可能であり、他と協働したり体験したりするような学びが必要であることは自明であろう。また、タブレットを含む

情報システムを学習環境として児童生徒に活用させることで、情報の収集、加工、編集、表現、発表、発信を行う学習活動を実施しやすくなり、協働的な学びをより深化させることが可能になる。また、その活動を通じて、情報技術を効果的に活用する技能を養うこともできる。

　つまりは、ICTを活用したアクティブ・ラーニングを行うことは、児童生徒に「生涯にわたり学習する基盤」を培うという教育目標を達成するためである。そして、今、それを実現するための授業研究が求められており、三雲中学校の実践研究はその一例であると言える。

図　これからの時代に求められる力

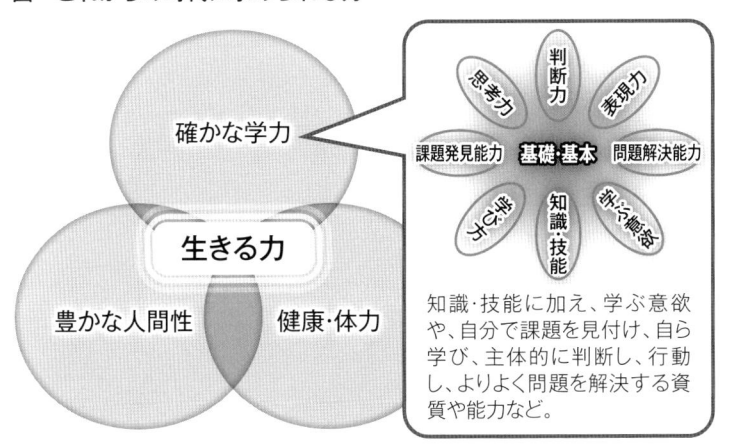

知識・技能に加え、学ぶ意欲や、自分で課題を見付け、自ら学び、主体的に判断し、行動し、よりよく問題を解決する資質や能力など。

http://www.mext.go.jp/a_menu/shotou/gakuryoku/korekara.htm

〈参考〉
・文部科学省（2015）　教育課程企画特別部会における論点整理について（報告）平成27年8月26日、http://www.mext.go.jp/b_menu/shingi/chukyo/chukyo3/053/sonota/1361117.htm

第1章

2 協働学習とICT活用

　ICTは多機能であるため、一斉授業、協働学習、個人学習の各場面にあった活用の仕方ができる。特に、協働学習の場面では、情報の交換や共有を行うことになるため、ICTの活用効果が期待できる。しかしICTを使うことや協働学習を行うことに気を囚われすぎてしまわないように注意する必要がある。

　下図は、三雲中が研究をスタートした際に、研究主任の楠本誠先生と筆者（長谷川）とで、研究の進め方について相談しながら作成した図である。iPadや電子黒板、書画カメラ等の最新の機器が導

図　ICT活用と協働学習

「ICT活用」、「協働学習」は目的達成のための手段

生徒の学習活動
- 教育目的にあった学習方法（協働学習、個別学習）
- 基礎基本の定着
- 思考力、判断力、問題解決能力
- 人を思いやる心、豊かな心の育成

教師の授業力の向上
「協働学習」による教員研修
- 生徒の実態、成長の様子をもとにした教育目標と教育方針の検討
- ICT利用場面の検討
- 教育目標を達成するための学習活動の検討
- 生徒の興味関心を引き出し、学習意欲の向上と学力の定着を図る指導法の考案

学習成果
〈ICT活用・協働学習《目的達成のための手段》〉

入され、それらを活用した協働学習を行うことに意識を奪われがちであるが、授業の目的である生徒の学力を高めることを忘れずに、研究を進めることを確認した。また、平野修先生と筆者の間では、１人１人の教師が創意工夫し、それを教師間で学び合いながら、授業を開発していくことの重要性について確認した。

　三雲中学校は、2012年度から15年度まで、計６回の公開研究会を行ったが、そのすべての公開研究会前に、公開授業を行う先生１人１人と筆者とで指導案検討会を行った。その際に、前述の確認事項を意識しながら、指導案検討を行ったことは非常に有効であったと確信している。また、それが三雲中の実践研究の成功要因であったとも思っている。

　それは、指導案検討会の中で、何度も「ここでiPadを使わなくてもいいのでしょうか？」「紙のプリントに書かせた方が良いと思うのですが、iPadを使った方が良いでしょうか？」という相談を何人かの先生から受けた際に、授業目的を達成することを最優先して判断することができたからである。ICT活用が目的ではないことを頭の中では理解していても、最新の情報機器を活用した授業を見るために、全国から地方の普通の公立中学校まで来られる方を意識すると、やはり無理をしてでもICTを使った方が良いのではないかと考えてしまうことは当然であろう。しかし、研究のスタート時点で、**左図**を作成し、ICTと協働学習は目的達成のための手段であることを確認してあったため、50分の授業時間内で授業目的を達成するために、ICTを使うべきか、紙の教材を使うべきかを判断することを優先させることができた。また、授業者の思いや工夫を尊重することを重視していたことから、指導案検討会を問答法で行い、

授業者がそれまでの経験を元にした感覚から行いたいと考えていることを引き出し、それを筆者が言語化することで、授業者が判断できる状況を作ることができた。この方法は、授業者が授業を考えるのを支援する方法であり、授業者の授業構想力の向上に役立つと考えている。

　資料は、公開授業の直前まで、授業を構想することができず困っていた教師（当時、教員経験3年目）と指導案検討会を行った際に、私が発問をし、確認した事項とその順序を示したものである。10の確認事項の中で、「協働学習の場面設定」は7番目、「ICT機器の活用方法の検討」は8番目に行った。授業の目標を確認し、それを達成するための方法を考え、そして、協働学習とICT活用の場面設定を考えて、授業を作り上げるという順序で構想したことで、悩んでいたこの先生は、無理なICTの使い方をするのではなく、自分が生徒に身につけさせたい力を養うことを目指した授業を作り上げることができた。

資料　ICT機器の活用方法の検討

（1）教師としての自分の思いや理想の状態の確認
（2）単元展開の検討
（3）本時の目標の設定（必ず全員に達成して欲しいレベルと理想的な目指すレベルの2段階で設定）
（4）それぞれの目標の上位目標と下位目標の分析
（5）目標を達成するために必要な手だての検討
（6）授業の大まかな流れの決定と場面ごとの目標設定
（7）協働学習の場面設定（「足場がけ」の場面の設定も同時に行う）
（8）ICT機器の活用方法の検討

(9）授業の流れの確認と整理
(10）指導案作成

指導案検討会で筆者の質問に対する回答を付箋に書き出す教師

　また、学習場面ごとの教育目標に合わせて使用する教具や、デジタルとアナログの組み合わせ方等も考える必要がある（**表**）。
　詳しくは第5章の実践事例を参照されたい。　　（長谷川　元洋）

表　各授業場面における利用教材とその役割
── 理科担当：永井教諭の授業（P.118参照）

授業場面	授業場面ごとの利用教材	生徒のiPadの役割	主要ツール
個人学習	iPad・ワークシート	実験ノート	資料表示・閲覧ツール
グループ学習	iPad・ワークシート	考察シート	思考・表現ツール
全体学習	電子黒板・黒板	プレゼンツール	発表ツール・思考整理ツール

第1章

③ 7つの協働学習モデル

　ここでは、聴き合い学び合う学習形態に目を向け、そこにICTの活用が組み込まれると、どのような学習が可能となるかを考えていく。

　まず**右図**の「Ⅰ」は、子どもたちが課題と関わってペア学習をしている様子を示している。ペア学習でなかなかできなかったことは、Before Afterのふり返り（証拠に基づいて）などであったが、タブレットなどをペアで用いて、相互に映像などを記録し合い（体育での映像、国語の表現読み、外国語活動の発話ほか）、それを用いることで、ふり返りが可能となる。

　「Ⅱ」はよくあるグループ活動の典型で、課題に関して個人思考した後で、グループで各自が考えたことを用いて、グループのアイデアへと練り上げていく様子を示している。

　「Ⅲ」は難しい課題（チャレンジを求める課題）へ挑む時の様子である。先にグループで話し合い、考える見当をつけて、それから個人思考し、あらためてグループで練り合う様子である。

　「Ⅳ」は個人で課題に挑みグループで話し合うが、最終的に意思決定は個人が行い、個人で発表する様子を示している（文学教材の読み取りの解釈など、１つの考えに絞る課題ではない場合）。これらの場面でタブレットを用いると、今まで取り組んできた上記グループワークを、以下の点でより有効にすることが可能となる。例えば、まず考える課題を子どものタブレットに転送できるため（手元

図　協働学習の7つのモデル

I 教員が課題提示 → 課題 ↔ 個人 ↔ 個人
ペアで学習

II 教員が課題提示 → 課題 ↔ 個人 ↔ グループ
グループで1つの考えに絞る

III 教員が課題提示 → 課題 ↔ 個人／グループ
グループで課題に挑み考え話し合う

IV 教員が課題提示 → 課題 ↔ 個人 ↔ グループ
グループの話し合いを通して自分の考えを明確にして表現する

V 教員が課題提示 → 課題 → グループ内分業／グループ内分業／グループ内分業 → 全体と討議で、課題解決
課題解決に向けてグループ内で分業をし、検討に必要な資料をそろえ検討・解決

VI 教員が課題提示 → 課題 ↔ A課題のグループ群／B課題のグループ群 → 全体と討議で2つの課題解決
課題ごとにグループ群（同じ課題を解いているグループが複数存在、後に比較できるように）に分かれて、複数の課題を解決する

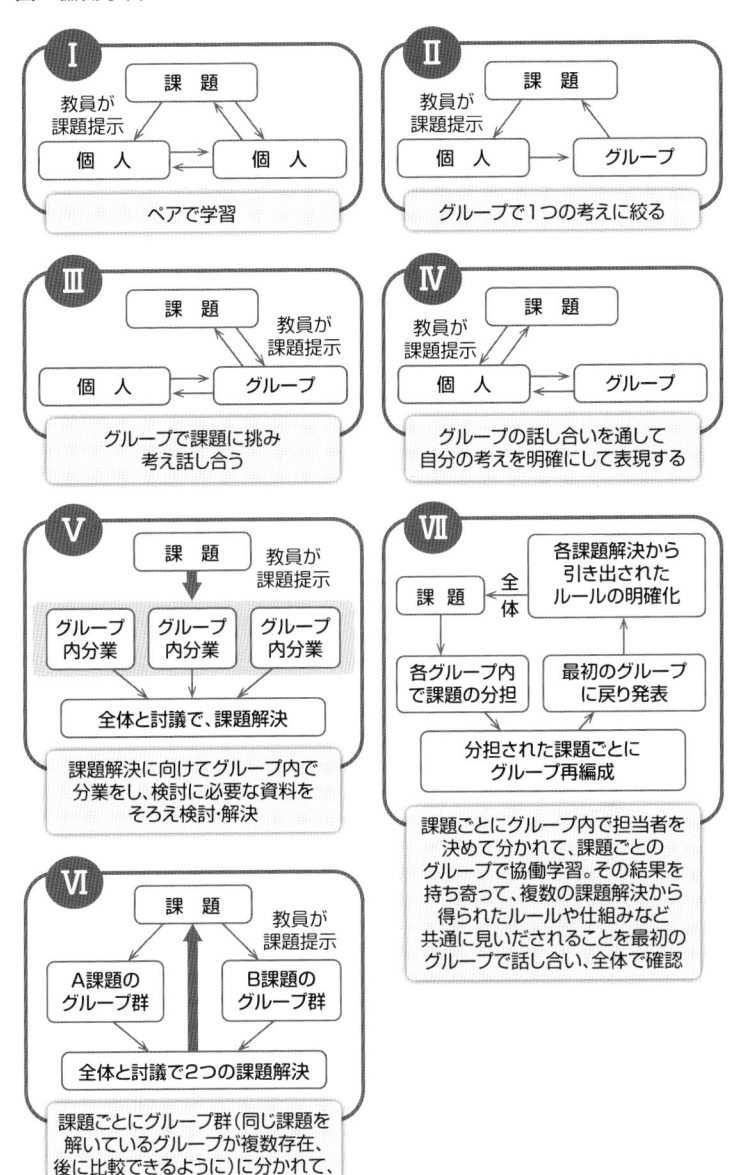

VII 全体 課題 → 各課題解決から引き出されたルールの明確化 ← 最初のグループに戻り発表 ← 分担された課題ごとにグループ再編成 ← 各グループ内で課題の分担
課題ごとにグループ内で担当者を決めて分かれて、課題ごとのグループで協働学習。その結果を持ち寄って、複数の課題解決から得られたルールや仕組みなど共通に見いだされることを最初のグループで話し合い、全体で確認

第1章　ICTを活用した新たな学び方教え方

と課題や課題に向けて操作するコンテンツをすぐに子どもは参照できるため）、①思考する時間を確保できる。②それぞれ自分の考えを話し合うとき、持って示せ、拡大縮小して示せ、考えた過程も示せ、思考履歴も残せる。③それらをもとに、みんなの考えを構築していくことができる（グループ用のタブレットがあればそこに意見を集約でき、考えを構築できる）。あるいは、ホワイトボードなどに、グループで練り上げた考え書き上げた後に、タブレットのカメラで撮影して教員やグループのみんなに転送でき共有できる。

「Ⅴ」「Ⅵ」は、分業して取り組む様子を示している。「Ⅴ」は、例えばグループ内で資料を分担し、多くの資料の読み取りを通じて、そこから見出されることを課題に対して考えようとする場合を示している。「Ⅵ」は、明らかにされているルールが果たして本当かなどを確かめ、様々な事例で検証していくために、列（グループ群）で分担して取り組み、その後、学級全体で論議をしていく場合を示している。このような分業は、多くの資料を、グループや列ごとに印刷して配布し、また必要に応じて追加説明や追加資料などが求められたりするため、従来はいろいろ手間がかかった（一度印刷すると修正や改変が難しかった）。しかしタブレットなどを活用すると、子どもたちの様子や授業の流れに即して、ギリギリまで分担する配付資料を切り替えたり、転送配付でき、子どもたちの思考の流れに即した資料をすぐに参照させることができる。また各資料の説明や分担の説明なども、前のスクリーンなどに資料を映し一斉に確認が可能となるため、指示を通しやすく、調べる時間や、分業後の話し合いに時間をかけることが可能となる。

最後に「Ⅶ」は、知識構成ジグソー法などと呼ばれる学びの姿で

見られる様子を示している。「Ⅴ」のように各グループで分担を決めた後、担当課題ごとに専門グループで集まり、そこで解決を図った後、再び、元のグループに戻り、その成果を共有し、各分担した結果から得られたことからルールを導き出すような学習の姿である。言ってみれば、各分担事例からルールを見出し、それを互いにぶつけ合いながら知識構成をしていくスタイルといえる。しかしこのような学習形態を知識構成ジグソー法に限って見ずに、自尊感情を高める学習としてとらえ直すと、タブレットを用いて次のような学習が可能となる。例えば、「Ⅴ」の分業による学習などを行う場合、スピードの遅い子や困難を示す子がグループにいる場合、その狙いの達成は難しくなる。しかし、担当の専門グループに分かれて、検討する際に、タブレットを用いてその話し合いを録画してきたり、そこで出た話を自分の言葉で、元のグループに結果を話す（支援ツールとして用いる）機会を保障したりする。そのことで、グループにとってもその後の話し合いに向かえ、不得意な子も元のグループで役割を果たすことが可能となり、自尊感情を高めていくこと、グループで取り組む意味を互いに感じ合うことにつながる可能性がある。

　しかし、このような取組をする場合、「課題設定」「子ども理解」「ルール」「学習活動の設計に見通しを与える評価指標」が重要となることを忘れてはならない。　　　　　　　　　　　（小柳　和喜雄）

第1章 4 5つの「学習目的別協働学習モデル」

　本校では5年間「協働学習」と「ICT機器の利活用」をテーマに実践と検証を進めてきた。協働学習を「生徒同士が学び合い教え合う学習」と定義し、前述の協働学習の形体別のA～Fの協働学習モデルに加え、次の5つの学習目的別の協働学習モデルを作成した。

> ①**課題共有**
> 　本時の学習課題をクラスの生徒全員が理解する。
> ②**個人思考**
> 　個人で課題に向き合い考えを整理する。
> ③**グループ思考**
> 　グループで考えを出し合い課題について学び合う。
> ④**全体共有**
> 　各グループの考えを共有し比較検討しながら深める。
> ⑤**ふり返り**
> 　本時の学びを個人でふり返り、次につなげる。

　この協働学習モデルを基本にし、効果的にICT機器を活用することで、より深い生徒の学びを実現する授業デザインを実現できた。なぜならば、ICTを使うことで、情報を記録したり、共有したり、加工したりすることが効率良くできるため、上の①から⑤の学習活動を充実させることができるからである。

　以下に、種類別に解説する。

① 課題共有

◆課題の提示 
・電子黒板に課題を提示する。適度なアニメーションを活用することで注目させることができる。
・生徒のタブレットに課題を送信することで、課題共有の徹底を図ることができる。

◆資料、教材の配信 
・資料、教材を配信したりダウンロードさせたりすることで、生徒はタブレットで閲覧できる。
・生徒によって異なる資料や教材を配信できる。

② 個人思考

◆個人思考の支援 
・容易に書いたり消したりすることができるため、試行回数が増える。
・試行回数が増えることで「できる・できない」「わかる・わからない」の整理ができる。

◆既習事項の想起
・タブレットに保存した学習履歴を閲覧する。文字情報だけでなく「動画」「色」「音」「瞬間」などの情報も閲

覧することで、既習事項の想起がしやすくなる。

③ グループ思考

◆学び合いの支援
・タブレット上で書いたり、消したりしている点を見合うことで論点が把握しやすくなる。
・タブレット内の資料を示すことで、自分の考えをわかりやすく伝えることができる。

◆多様な学習形態
・学習課題によって1人に1台、ペアに1台、4人に1台と使用するタブレット台数を変えることで、様々な学習形態が可能となる。

④ 全体共有

◆学びの足場がけ
・活動中、各グループの進捗を電子黒板に提示する。他のグループの考えを閲覧し、比較することで、自信を持ったり、軌道修正をしたり、考えを深めたりすることができる。

◆過程の共有
・電子黒板に結果を提示するだけでなく、結果に到った過程を電子

黒板で再現させることで思考の可視化を図ることができる。
・授業の始めから終わりまでに記録したデータを閲覧させ、授業のふり返りを支援することができる。

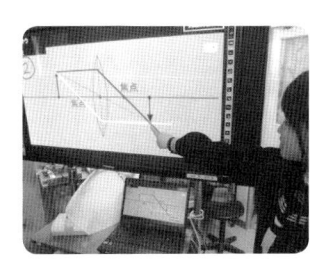

⑤ ふり返り

◆考えの再検討・再構成

・生徒のタブレットに他の考えや結果を送信する。生徒1人1人が本時をふり返り、考えの再検討、再構成、本時での学びや新たな疑問を整理することができる。

　このモデルは、授業のねらいを達成するために協働学習の場面を設定するための基本モデルである。実際には、教科や単元、そして学習課題のねらいによって、授業場面ごとに形を変化させることになる。当然のことながら、このモデルに従って形だけ整えても、協働学習が成立するわけではないが、学習目的別に基本モデルを作成したことで授業を構想しやすくなった。それぞれの学習活動の意味を教師が明確に意識している必要がある。　　　　（楠本　誠）

第1章

5 つなぐ活用 ヒト―場所―時間 そして学びのつながりへ

　ICT機器が現場に入り、生徒、場所、時間の枠を越えた活用が実現できるようになった。これらの活用をつなぐことで、これまで実現できなかった教え方、学び方が見えてきた。以下に、実践から紹介する。

■■■ 生徒の枠を越える ■■■

・異学年をつなぐ活用

　本校では各学年の総合的な学習の時間で校外学習が行われる。例えば、２年生は地域や校区に出向き４日程度の職場体験を行う。この学習のまとめはiBooksにデジタルデータにしてまとめている。デジタルデータにすることで次年度、職場体験を行う１年生も１人１人が閲覧できる。先輩がどのような取組をしたのか閲覧しながら事前学習に役立てている。

■■■ 場所の枠を越える ■■■

・教室とグランドをつなぐ活用

　本校は教室をはじめ体育館、グランドなど校内すべての場所でネット接続が可能である。例えば、理科の授業でクラスの生徒が分担してグラウンドに咲いている植物を観察し、撮影した写真はその場で送信させる形で植物図鑑を作成した。これまでの授業では一度生徒がグラウンドで散らばってしまうと、次に集合するまで生徒の学

びを把握することができなかった。しかし、タブレットを活用して教師からアドバイスを行ったり、生徒からのコメントを受けとったりすることができる。場所が広くなっても生徒の学びを把握し、適切なアドバイスを送ることで、生徒の学びを深めることができる。

・家庭と学校をつなぐ活用

　学校から保護者への案内、通信などの配布物はタブレットに送信することを試みている。例えば学級通信をタブレットに送信する際、カラー紙面や動画を配信することで、より具体的に生徒の様子や取組を伝えることができる。

■■■ 時間の枠を越える ■■■

・授業と家庭学習

　実験の様子を動画で記録させ、それを家庭に帰ってからもう一度観察させることで、授業内容を効果的に復習できる。これまでの授業では主にノートに書かれたことを通して授業をふり返るだけであったが、動画を見ながらふり返ることができるため、実験を行った授業の復習がしやすくなる。

■■■ 学びをつなげる ■■■

　ICT機器を活用することで家庭学習の見直しも期待できる。例えばドリル学習である。これまで行ってきた紙のドリルは、全員に「宿題、ドリル〇ページ」と、同じ問題を課してきた。しかし、デジタルドリルは1人1人の生徒ごとに苦手な問題が出題されたり、実力に応じた難易度の問題が出題されたりする。これにより生徒1人1人に応じたドリル学習が可能となり、基礎基本の定着を効果的

に図れるようになった。

　また、次期指導要領改訂に向けた教育課程企画特別部会の論点整理の中で、「子供が自らの力を育み、自ら能力を引き出し、主体的に判断し行動するまでには必ずしも十分に達しているとは言えない状況にある」との課題が示されている。デジタルドリルは各生徒の学びの履歴が閲覧できるとともに、生徒自身が問題の出題範囲、難易度、数をカスタマイズすることもできる。これらを活用して生徒自身が自分の学びの状態を把握し、次に何をすべきかを考え、主体的に学習していけるように指導し、自己調整学習ができる生徒の育成を目指したい。　　　　　　　　　　　　　　（楠本　誠）

第2章 すべての教師が活用できる体制をつくる

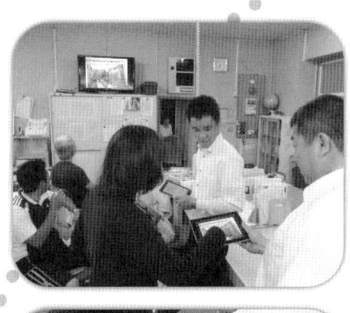

第2章 1

校長として何をすべきか？
──実証事業スタート時に考えたこと、取り組んだこと──

● **実証事業スタート時に考えたこと**

「僕のようなICTが苦手な校長がいる学校でも進められるようにならないと、この取組は全国の学校に広がらない」

これは、1人1台のタブレットの導入が決定して、最初に考えたことである。

2011年の実証事業スタート時、本校の教員はICT機器を活用した教育に関しては素人集団であった。しかし、せっかくこのようなICT環境を整備していただいたからには、この教員チームでできるところまでやろうと考えた。一方で、どれだけ教員が研修を積み、授業実践を行っても、毎年4月になると教員の約5分の1が異動し、新しい教員を加えた新年度が始まる。新たなチームになっても、1人1台のタブレット環境で継続した教育ができなければ本事業の成果の広がりはない。そのときに、学校組織が動いていくシステムが存在しているかがポイントとなる。

そのためには、まず校内研修の在り方である。教員の不安な思いはアンケートから明らかだった。同僚の立場から「10の不安」が1つでも解決できるような研修計画を研修部にお願いした。

では、管理職として何を行ったか。機器の整備が終わり、研究を本格スタートすることになった2012年4月最初の職員会議で次のことを話した。

> 「意識のベクトルをそろえよう」
>
> 　1人1台のタブレットを有効に活用するためには、一部の教員だけが頑張っても成功しない。また、継続できる取組にしなければいけない。そこで機器を利活用した授業を全教員が公開することとした。
>
> 　新しいことにチャレンジすることは、とてもエネルギーが必要である。当然、得意、不得意もあるだろうし、これまでの経験値にも大きく左右されるだろう。しかし、各教員はそれぞれが様々な力を持っている。これらの力を活かし、同じテーマに向かって取り組めば成果は出せると信じていた。つまり、協働である。教員間にも協働的な学びを取り入れ、新たに生み出される化学反応を大切にすることとした。

●率先垂範——最初の研究授業は校長が行う

　「僕のようなICTが苦手な校長がいる学校でも進められるようにならないと、この取組は全国の学校に広がらない」という思いとともに、「僕のようなICTが苦手な教師も使えることを示さないと校内で広がらない」とも思った。後者は、この事業を成功させるためにも、絶対に乗り越えなければならないことであると考えていた。

　そのため、最初の研究授業は校長が行い、2番目の研究授業は教頭がすることにした。2人ともICTからは遠い教師であるが、それでもやれる姿を見せること、また管理職として、この事業を成功させるのだという強い意志を持っていることを示すことの2つの理由からそうすることにした。

　私は、数学教師としてICTを利用した授業を、職員が見ている前

で行った。はっきり言って、授業としてはうまくいかず、失敗だったと思っている。自分がお手本になることはできないことは重々承知の上であったが、良い授業を見せられなかったことは残念であった。しかし、なんとしてでもこの事業を成功させるのだという強い気持ちを、姿勢として示すことができたのではないかと思っている。なぜなら、2011年11月に初めて行う秋の公開授業の授業者を決める際、期限付き講師を含む若手教員が何人も手を挙げてくれたからである。これは、経験も実力もない人をいきなり全国大会に出場させるようなものであり、不安も大きかったが、その積極性を喜んだ。
　「やってみせ、やらせてみて、ほめてやらねば人は動かず」

●教師としての成長と市内への波及効果

　私はソフトテニス部の指導者として、全国大会の運営をした経験もあり、この事業での公開授業の重さは理解していたが、それよりも、怖さを知らない若手の良さを伸ばすことを重視していた。また、期限付き講師であっても、生徒の前に立てば「先生」であることには変わりはなく、人前で堂々と授業ができなければいけないと考えていた。さらにそのことが、講師が正規採用となり、長年に渡って教師をしていく上で重要であると考えていた。そのような思いのもと、一見、無謀な要素も含む、第1回公開研究会を行うことができた。

　また本校で経験を積んだ教員は、いずれ他校に異動していく。本校の取組が市内外の他校に広がっていくことも重要であると考えた。そのため2年目からは、ICT活用の得手不得手、年齢、経験年数に関係なく、全員が公開授業を行うことにした。その経験をして他校

に異動していけば、いずれ本校の取組が市の内外に広がっていくと考えた。

● 「今日の一言」──「特別」から「日常」へ──

　校長として行ったICT活用の事例を紹介する。

　まず、朝の学活の時間、各教室の電子黒板に「今日の一言」を、無線LAN環境を利用して校長室から送信した。スライドには「時節に関する言葉」や「四字熟語」「格言」などを記載した。

　操作は実に簡単である。画面に表示するスライドの作成はテキスト文書に保存していたものをスライドに入れ、校長室からの配信は配信ボタンを押す。これだけである。

　この取組の目的は、朝のスタートに時節を踏まえた話題提供をすること、生徒の語彙力の増加である。そしてもう１つ、教員の機器操作の日常化である。担任は各教室で毎朝、電子黒板に「今日の一言」を提示するために操作を行うことになる。機器操作に苦手意識があっても毎日機器を触り、操作を行うことで、機器操作に慣れてくる。操作に慣れれば活用が始まる。

　私たち素人に特別なICT機器の環境を用意されても、いきなりその活用を考えることは難しい。操作が苦手な教員も多い。「機器を使いましょう」だけではダメなのである。活動には目的を持たせる、必然性を日常に組み込む、この２点を取り入れることで、「特別」は「日常」になる。教員のベクトルはそろい、組織力は上がる。

　　　　　　　　　　　　　　　　　　　　　　　（川田　公也）

第2章 2 教育委員会としての支援

　最前線で取り組む三雲中をサポートし、時にはリードする立場であった教育行政の側から、これまでの取組をふり返ってみようと思う。

　フューチャースクール推進事業・学びのイノベーション事業への応募は2011年度であった。担当の自分自身がそのとき初めて教育現場から教育行政へ異動した１年目、公募は夏のことであったから、ようやくのこと数ヶ月が過ぎただけの時期である。とにかく走りながら、考えながら、失敗しながら突き進むという状況であった。しかし、今ふり返ってみて、結果的に良かったと思えることがある。

　教育委員会に異動する前、グループを活用した協同的な学び方について自分なりに関心を持ち、研修会などに参加して学んでいた。事業のスタートにあたって、文部科学省から示された「教育の情報化ビジョン」（2011年４月）を読んでいると、「子どもたち同士が教え合い、学び合う協働的な学び（協働学習）」という言葉が目に飛び込んできた。「これだ！」と思ったのを今でもよく覚えている。自分のやってきたことと教育の情報化を結びつけていけば、何か新しい教育の取組につながっていくのではないか。その時は、そこまで具体的なイメージになっていたわけではないが、すでに親交のあった「協同学習」を専門とする三重大学の長濱文与准教授に事業の委員を依頼し、ICT機器の活用と同時に、協働的な授業のあり方について、三雲中の先生方とともに取り組んでいく仕掛けを作った。

その後、国の教育施策も、「何を学ぶか」に加えて「どう学ぶか」という観点から「協働」という言葉が使われ、いわゆる「アクティブ・ラーニング」が次の学び方として今やキーワードとなってきている。今ふり返ってみて、単にタブレットをはじめとするICT機器を導入し、それを授業の中で使っていきましょう、というだけでなく、事業を機会に「子どもたち同士が教え合い、学び合う協働的な学び（協働学習）」（教育の情報化ビジョン）を具現化する手だてとして、協働学習の学習形態や授業づくりを教育委員会として提案できたのが、結果的に功を奏したと確信している。

　このことがきっかけとなって、この事業が、教育委員会や市としての単なる政策ではなく、三雲中における、授業改革を柱にした教育の取組として位置付けられ、そこにどのようにタブレットやICT機器を活用していくのか、という観点で進められていった。もちろん、学校の努力があってのことだが、そういう位置付けになったことで、学校としても教育の情報化が意味を持ち、授業改革、学校改革としての実践につながっていったように感じている。それは、後方支援に当たる教育委員会としても、大変うれしいことであった。

　そうした土台の上に取り組まれていく実践であるので、例えば公開授業研究会における指導案の検討なども、初回の公開授業から、ICT機器をどう使うか、の前に、授業としてどうか、子どもたちに力をつける授業となっているか、という観点から検討がなされた。授業として基本とも言える部分がまず大事な観点として位置付けられていたことで、ICTの活用についても、その意味づけがはっきりしていったように思う。当初はとにかく使ってみよう、という状況もあったが、授業づくり、子どもたちに力をつける、という観

点から、日増しに洗練されていったように感じている。また、指導主事の助言についても、ICT関係の専門性をもっている必要がないため、授業づくりとしての視点で助言を行い、それをもとに授業者がICTを含めてどのように展開していくかをさらに練る、という形になっていった。若い教員も多い学校で、教師の力量を高めていくという点でも、事業が「カンフル剤」や「触媒」となって効果を発揮していたと言える。

　こうして、タブレットをはじめとするICT機器の活用が教育の取組として位置付けられてくると、それは市としてさらに展開を進めようという動きになる。また、先進事例として全国から注目されるような教育の取組として位置付けられたことが、逆に市における重要政策として注目される展開にもなっていく。教育長の思いもあり、松阪市としてさらに展開していくことが打ち出されていった。中学校の実践を広げていくという観点から、市内中学校への「横展開」として、現在三雲中を含めた３中学校で実践が進められ、今後市内の中学校へ広げていく方向で検討が進められている。

　こうして進められた実践は、前述した教育の新たな取組や方向性としての21世紀型学力や資質・能力、アクティブ・ラーニングとつながってくる。今、改めて文部科学省「教育の情報化ビジョン」（2011年４月）の「はじめに」や、第１章の１「21世紀を生きる子どもたちに求められる力」を読み返してみると、事業の開始時には抽象的な理念として見えていたことが、具体的な学校の取組、授業の姿として立ち上がってくるのを感じ、大きな成果として手応えを感じている。

　これまでの行政としての取組をふり返り、失敗したり、うまくや

れなかったりして本当に皆に迷惑をかけながら、今ふり返って反省するのは、現場と一緒に汗をかく働き方、進め方はできたけれど、行政としてするべきビジョンを示すことや計画性を生み出すこと、全体を支える枠組みを作ることが弱かった、ということである。教職員籍の担当者として現場にも度々足を運び、ともに汗をかく形で支えたい、という思いで同じ働き方ができたことは、実証校となった三雲中学校の先生方の信頼を得る意味ではよかったと思う。スタート時点の先生方の不安を思うと、そうするべきであったとも思っている。

　しかし、取組が軌道に乗り、進み始めるにつれ、具体的な実践は日々の先生方に任せておいて、もっと全体としての方向性を示し、先生方が夢を持って取り組めるような、そんなビジョンを示すこともしなければならない。教育の情報化の方向性や計画性、また実践の成果などを形にして内外に示し、汗をかきかき日々子どもと向き合っている導入校を応援する仲間を増やしていくことが、行政としてすべきことであるように思う。松阪市としての取組が５年目を終えようとしている今頃になってそんなことを言っていて申し訳なく思うが、今後はその点でもしっかり汗をかいていきたいと、自分を鼓舞しているところである。　　　　　　　　　　　（楠堂　晶久）

3 3つの校内研修

第2章

　本校は実証１年目の年度途中にICT環境が整った。では、機器が学校に整備されれば実践が広がるのか、もちろんそれだけではダメである。まず、私たち教員が研修を積まなければいけない。

　では、ひたすら研修を行えば実践が広がるのか、もちろんこれだけでもダメである。現場には先の「10の不安」に挙げたように多忙感がある。ただ時間をかけるだけの研修では、教員のモチベーションは下がってしまう。いかに効率的に研修を行えるかを考える必要があった。

　また、本校に機器が導入された当時、教員がタブレットに触る期間がほとんどない中で、生徒にタブレットが手渡された。当時の研究主任は「まず、何をすればいいのかわからず悩んだ」「何がわからないのかすらわからなかった」と話している。機器の導入が事前に決定している場合、時間と都合が許せば、生徒に渡す前に教員が自由に使える時間を確保することをお勧めする。

　そこで、本校は実証２年目から校内研修会を見直し、下記の３つの校内研修を取り入れることとした。

●その１　全体研修会

　まず、全体研修会である。これは月１回全教員が参加し、共通理解を図る研修会とした。全体の研修であるのでICTに関わる研修だけ行っていれば良いわけではない。限られた時間の中で、共通理解

を深め、教員全体が関わる研修を目指した。

・授業づくりの研修

　中学校は教科の専門性が高い。指導案検討などでそれぞれの教科の専門性が強くなりすぎると、他教科から意見は出にくくなる。そうなると相互作用、協働は期待できない。そこで、教科に関わる検討は主に教科部会で行い、生徒の資質・能力につながるような視点を取り入れた検討は、全教員で行った。この視点で授業を見ることで、教科を越えて全教員が関わることができた。

・ICT機器に関わる研修

　ICT機器に関わる研修も同様である。研修がICT機器や操作だけの研修になってしまうと、得意、不得意によってモチベーションが変わってくる。そこで、全体研修会では機器操作に関わる研修を主にすることはなかった。

　例えば４月の校内研修会である。１年間の計画を確認する。昨年度の課題を確認しながら課題解決を図れるように活動計画を立てる。これまでこの計画づくりは付箋紙を利用していた。それをタブレットとアプリXing Board（以下、XB）を活用した。アプリは使うが、従来通り１年の計画を立てることが目標である。意見を出し合い、整理するために活用していた付箋をアプリに変えて研修会を行った。従来から行っていたことの一部をデジタル化して、研修会の中でICT活用の便利さを体験してもらえるようにした。

　実際に体験することで、授業での活用イメージが膨らむ。このようにICT機器の活用を取り入れた研修会を行うことで、「①全教員が自然に機器に触れ、活用する」「②全教員が機器の具体的な授業での活用場面がイメージできる」の２つを達成できる。

第２章　すべての教師が活用できる体制をつくる

43

・協働的な活動を取り入れた研修

　特に全体研修では、教員こそ協動的な活動を大切にしたい。教員のICT活用の経験差は大きく、これまでの経験が大きく左右する。しかし、ベテランの教員はICT機器を使わなくても良い授業をできる高い授業力を持っている。だからこそ、ICT機器に関係なく授業について教員全体が話し合える研修にしなければいけない。経験や教科を越えて教員が学び合う研修のためには、研修会のテーマを「ICT」に特化するのではなく、「授業づくり」とし、授業目標を達成するための授業づくりとICT活用を話し合いの中心に据えることで、ベテラン、若手の教員、機器操作が苦手、得意な教員など、教員全員が参加できるようにした。

●その２　有志研修会

　有志研修会は、教員の悩んでいることを解決してもらえる研修会である。「ICT機器の利活用」と「協働学習」の授業づくりについて研修が進んでくると、実際にタブレットなどを活用した授業デザインを考えることになる。いざICT機器を活用した授業をするとなると、操作に不安を覚える教員は当然いる。その不安を解消するために、有志研修会を活用した。この研修会の主な対象は、新しく異動してきた教員や、機器の操作方法に不安を覚える教員である。開催日は年度初めの４、５月は定期的に行い、その後は不定期でいつでも聞ける相談窓口として機能させた。

・学びたい内容を研修する

　有志であることのメリットの１つは、研修の内容を臨機応変に作ることができる点である。明日の授業に使える活用法を取り入れ、

「電子黒板の使い方について」「カメラ機能について」など機器の操作だけで終わるのではなく、具体的な活用場面で使える機能を扱うようにした。具体的な生徒の学習場面を示し「例えばこの場面で、タブレットのこのような機能を活用することで、こんなことができます」などと、授業での使用を想定した研修を行った。

・自由をきかせた研修

　教員のリクエストを募って、臨機応変に内容を設定して進めてきた。参加者が少人数でも開催されるため自由度も高い。開催日は研修部が一方的に開催日や時間を設定することはやめ、1週間のテーマを決め、その内容を中心に研修会を行うようにした。

●その3　雑談研修

授業を終えて、職員室に戻るといろんな声が聞こえてくる。
「○○を使ったけど、うまくいかなくて」
「今度、生徒が○○をするんだけど、良いアプリはないかな」
　職員室は学校の中で最先端の授業の話題であふれている。これを研修に活かさない手はない。この職員室の会話を雑談研修とよぶことにした。

・研修を共有する

　この写真は社会の授業検討をしている場面である。これまでの授業検討の場面をふり返ると、社会の教員と支援員だけで話を進めて

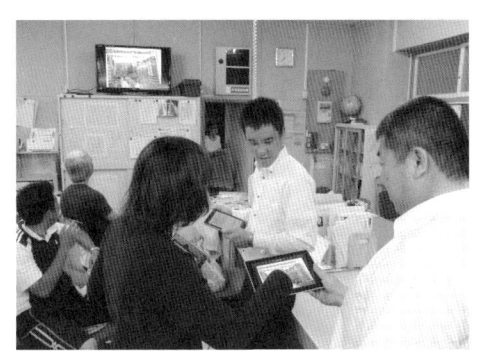

いることが多かった。そこで、このような検討が始まったとき、使っているタブレットの画面を職員室に設置したテレビに映すようにした。気軽に誰でも画面を見られるので、「今度、理科でも、あのソフトを使ってみよう」と教科の枠を越えて内容を共有することができる。特別に時間を設定して行う研修に加えて、興味関心があればふと立ち止まって参加できる研修があればいい。ここにはやらされ感はない。

・1人1台の教員用タブレットでアンテナを高くする

　本校では生徒に加え教員も1人1台のタブレットを使用している。これは雑談研修の効果を高める大きな要因である。研修の共有とは言っても、他の教員がタブレットの話題を取り上げたとき、教員がタブレットを持っていなければ、その話題はやはり共有できない。教員全員がタブレットを持っているからこそ、1人の話題を全員の話題として扱うことができる。職員室で交わされる授業の話題を全員で共有できるか、できないかは、雑談研修の効果に大きく影響する。

　取組を進めてきて、「10の不安」のいくつかは解消されている。改まった時間を設定して行う研修と、興味関心があればふと立ち止まって参加できる研修を設定することは効果的である。そのためには教員の共通理解を高める場の設定である。教員が不安を覚えるのであれば、それらを出し合い、その不安点を少しでも解決するために、何をすべきか、何ができるかを考え、研修を計画しそこから進めていくことを目指したい。

（楠本　誠）

第3章

日常的なICT活用のために

第3章 1 環境整備のために

（1） 教室4点セット

本校の各教室には、以下のICT機器が常設されている。

- ・電子黒板（IWB）　・電子黒板制御用PC
- ・書画カメラ　　　　・画像転送機器

●電子黒板（IWB）

　電子黒板（IWB＝Interactive White Board）とは、情報のやりとりを双方向に行うことができる画像表示装置である。最大の特徴は明るい教室においても、教室の照度を下げることなく授業に必要な情報を提示することができる点である。プロジェクターを利用する際には、教室内の照度をある程度調整する必要があるが、教室が暗くなると眠気が出て、思考が停滞する子どもたちが増えるため、教室の照度を下げることなく情報を提示ができるという特性は、授業で活用する機器としては非常に優れたポイントである。電子黒板の画面に直接文字や記号を書き込むことができるため、画面に表示されたデータの説明等を直接に書き込みながら説明を進めることができる。また、機器の設定により、生徒用端末との情報のやりとりができるため、教師端末や制御用PCから生徒端末へのデータの提供や、生徒端末からのデータを回収し、画面に表示することができる。

●制御用PC

　電子黒板の制御用のプログラムや一般アプリ等を搭載したコンピューターである。このPC上の電子黒板制御用ソフトを起動することによって、電子黒板画面への書き込みやデータのやりとりができる。また、このPC上で稼働する協働支援ソフトによって生徒用端末とデータのやりとりをすることもできる。一般のアプリケーションソフトの利用やDVD再生等にも利用できる。

●書画カメラ

　立体的な具体物を詳細に電子黒板に表示したいときに利用できる画像入力装置である。拡大しても画質があまり落ちないため、小さな製作物の製作手順を説明する際や教材のある一点を拡大して表示させたいときなどに特に効果を発揮する。また、カメラの下で動かしている手先も表示することができるため、授業プリントを電子黒板へ投影した後、直接プリントへ書き込むことによって、書き込む様子や筆運び等を生徒に見せることができる。ICT機器の導入時に活用されることが多かった。メリットは操作が簡単であること、デメリットは指導者が書画カメラが置かれている場所にいなければならず、タブレットのように移動しながら利用することが難しいことである。

●画像転送装置

　タブレットの画面を電子黒板へ転送することができる画像転送装置である。現在のところ、稼働率が一番高い利用方法である。基本的にタブレットに表示されていることがそのまま電子黒板へ転送さ

れるため、タブレットのプレゼンテーションソフトを利用して提示型の授業を行ったり、写真等を単純に表示させたりするだけでも同様の効果を期待することができる。アプリ類の操作方法を説明したり、テレビ電話でやりとりする様子を表示させたりとアイデア次第で活用の幅が広がる。　　　　　　　　　　　　　　　（平野　修）

（2）　全教室に機器を整備（教育委員会の対応）

●「エッ！普通教室だけ？」

　誰も経験したことのない事業にはトラブルがつきものだが、「ICT機器の教育活用」は、当初の予測以上の事件が次から次へと起こった。一番初めに、「全教科でICT機器を活用する」という松阪市の事業推進方針に沿って機器環境の設計がされていたはずであるのに、「普通教室にしか電子黒板がない」という事件が起きた。それは、機器設置のために派遣された担当業者の現場確認に同行したときに発覚した。

　原因は、その前年までに行われていた小学校でのフューチャースクール実証事業に合わせた設計計画にあった。小学校は学級担任が全教科を指導するため、普通教室に設備があればどの科目でも授業で機器を利用することができる。しかし、中学校は教科担任制であるため、特別教室にも設備が必要である。

　すぐに、市教委の担当者に電話をした。普通教室以外では、グラウンド・体育館・第一理科室・特別支援教室での利用が想定されており、無線LANの整備は計画の中に入っていたが、電子黒板は普通教室の他には第一理科室にしか追加されていなかった。

しかし、松阪市教育委員会は非常に柔軟な対応をしてくれた。現場確認のあとで整備項目を追加していただいた。「松阪市は全教科でのICT活用を進めていく！」という心強い言葉をいただき、1年後には、場所の関係からどうしてもLANを無線化できない調理室以外の全教室（図書室・少人数学習の教室を含めて）に無線LAN整備を行い、電子黒板を3台追加して、全教科でICT機器を利用できる環境が整った。

● 「柔軟な対応」だからできたこと
　学校では「問題を先送りすることは子どもたちのためにならない」という思いが強いため、教育委員会には無理な願いをたくさんした。学校内の情報機器には複数の業者が関わっていることと、そもそも学校で無線LANを利用することは、それまでの学校の環境整備では想定されていないため、どの業者にも管理責任がない部分でトラブルが発生していたり、トラブルの原因を追及するためには複数の業者に協力していただかなくてはならない状況が多々起こったりした。
　教委担当者は「こちらからも連絡するので、学校からも関係業者へ詳細を伝えてください」というように、情報を上げて指示を仰ぐたびに、細かな情報のやりとりについては現場に任せてくださったため、ダイナミックな問題解決が行えた。現場として、「何が起こるかわからない」という危機感は常に持っていたが、教委が「何があっても何とかする！」という心強い言葉と柔軟な対応姿勢で現場を支えてくださっていることは大変、心強かった。　（平野　修）

（3） 450台一斉アクセス可能な状況をつくるための取組
（学校、複数企業の協力の必要性）

　450台のタブレットを導入した１年目は、理論上はできるはずのことができないという状況が多数発生した。その原因と解決策を以下に示す。

●「できるはず」が「できない」
　「使えるはずなのに使えない」「教師用タブレットの画面が電子黒板に表示されない」など様々なトラブルが発生した。調べてみても、どの機器も故障していないのに、なぜか使えない事態が多数発生した。また、昨日は確かにできていたのに、今日になるとできなくなるといったケースもあった。

　三雲中では、事業開始に先だって、学校に光回線が引かれ、ネットワークケーブルもすべて新規に張り直した。生徒のアクセス数とデータ量を考えても、理論上は不都合が起こるはずはない環境であった。しかし、頻繁にネットワーク不良が起こった。調子が良い時には無線LANルータから遠いところにいてもつながるのに、調子が悪いときには、発信器のすぐそばにいてもつながらなかった。

●トラブルの原因
　トラブルの原因は多数あり、徐々に解決されていったが、不安定な状況は変わらなかった。しかし、最初の公開授業が終わった後に、つながっているはずの光回線が物理的につながっておらず、以前から整備されていた旧ネットワークの回線だけで数百台のタブレット

の通信をさせていたことがわかった。全クラスで一斉にタブレットを利用した公開授業でトラブルが発生しなかったのは奇跡的であった。

この事実が確認された時、関係者一同は凍りついたのであった。

●関係企業の協力と学校の目的意識の共有

原因は各関係業者と学校関係者の管理責任の境界が曖昧であったことだと分析した。どうしても複数の業者が関わらざるを得ない環境と、「その作業はＡ社が完了させるのが当たり前だろう」「Ｂ社の修理が終わったからうまくいくはずだ」と、相互に思い込みのあるまま整備が行われると、とても危険である。

学校が行いたいことが実現できるかどうかを複数の業者と連携を取り、相互に協力し合いながら、確認していくことがトラブルをなくすために重要である。

（4） フィルタリング

●サーバー型フィルタリングの限界

PCルームや教室で使用するコンピューターは校内での使用のみを前提として考えているため、フィルタリングシステムがインストールされた校内サーバーを設置し、そこを経由しないとインターネット上の情報にアクセスできない形で、生徒が不適切な情報にアクセスしないように管理されてきた。

しかし、すべての生徒が１台ずつのタブレットを学校と家庭の両方で使う状況では、各端末にフィルタリングシステム（i-Filter）

をインストールする必要がある。本校では、タブレットを持ち帰る際には、家庭の無線LANに接続しないルールにしている。しかし、将来的なことを考えると、どの無線LANを利用したときでもフィルタリングされた状態にする必要があると考えた。

　また、サーバー型フィルタリングの場合、同時に450台のタブレットがインターネットを利用するとサーバーに負荷がかかり、データのやりとりが難しくなるという問題も生じた。

●利便性とセキュリティーのバランス

　フィルタリングと授業での活用を考える際のもう1つの重要なポイントは、「授業で利用しやすくてセキュリティー効果も高い環境を、いかにバランス良く構築するか？」である。セキュリティー面を最優先させると、利用上の制限が増えるため「守られてはいるが、やりたいことができない状態」になってしまう。学校でしか利用できない特殊なアプリを使い、通常の調べ学習にも耐えられない状態に陥ることになる。逆に、授業での利便性ばかりを優先させると「いつ何が起こるかわからない状態」になる。

　これまでの取組から学んだことは、安全性ばかりを重視して、ガチガチに固めた設定の中で無理な機器の利用を考えるよりも、利用しやすい環境の中で、日々起こる諸問題への対応を教育の機会としてとらえて対応していく方が、授業での活用アイデアもより広がり、セキュリティー面でも現実的に利用できる設定に近づけていけると感じている。

　一般的には、「安全性」と「利便性」は相反する関係にあり、両立させることは難しいが、教育の力によって「安全性」を高めるこ

とで、「利便性」を維持しようと考えた。　　　　　　　　（平野　修）

（5）　朝の連絡サイト（教員ポータル）

●毎日ICT機器を使う環境づくり

　ICT機器を「1つの道具」として扱うためには、「慣れ」が必要である。その「慣れ」は「ICT機器に触れること」から始まる。教員にタブレット端末を配付した後に必要であったのは「指導者がタブレットに日常的に触れる環境」だった。そこで、学校内に設置されたサーバーを利用して、校内限定利用のブログ「教員ポータル」を設置し、教員間の連絡用に利用することにした。このシステムでは以下のような効果を期待した。

①ゆとりをもって詳しく伝達する

　それまでの朝の職員会議（以下「朝の会議」）では、朝の会議の直前に「連絡プリント」を印刷して全教員に配付し、併せて口頭で連絡をするという方法をとっていた。連絡がある教員は朝の会議が始まる前に連絡プリントに連絡事項を書き込んでおく必要があった。しかし、会議が始まる前は、欠席連絡の電話応対をしていたり、その日の行事の手順を相談していたりと、教員はとても忙しくしている。そのため職員室の前に置かれている連絡プリントに必要事項を書き込むことがなかなかできない。印刷をして配布する時間も必要なため、書き込めなかった連絡事項を口頭で伝えることが頻繁に起こっていた。それが、教員ポータルに連絡事項を書き込む方法にしてからは、朝の会議が始まる前から、次々と教員ポータルに上げられる連絡事項を確認することができ、「詳しくはポータルをご覧く

ださい」の一言で詳しい伝達事項を伝えることができるようになった。

②ICT機器の基本操作練習ができる

　教員ポータルへの入力はタブレットに加えて、教員用PCからも入力できる。前日にワープロ等で作成した連絡文書を教員ポータルへ「コピペ」することも可能だ。ICT支援員に新しい機器やアプリの操作手順を示したPDFデータをブログにリンクしてもらうことで、支援員が不在の時でも自主研修をしてもらえるようになった。また、「教員ポータル」はタブレットと教員用PCのどちらでも表示することができるため、PCで書き込んでタブレットで確認するというスタイルを生むこととなった。必要に応じて、画面を見ながら詳細な情報の伝達をペーパーレスでできるようになった。

　朝の連絡用に設置した教員ポータルであったが、他の用途にも活用するようになった。国の事業を受けていた期間には、ICT機器を授業の中でどれだけ利用したかを詳細に記録し、報告する調査があった。その調査結果は表計算ソフトのデータとして提出してもらっていたが、これを教員ポータルを使って、タブレットからでもPCからでも提出できるようにした。毎月末には記録の提出を促す案内文と提出先のリンクボタンを教員ポータルに掲示して、そこに調査データの提出をしてもらった。これらの一連の操作は、教員にとっての日常的なICT機器の活用練習にもなった。　　　　（平野　修）

（6）　支援員の呼び出しシステム（メッセージ）

●全13学級で1人の支援員

三雲中には、学校に１人の支援員が配置された。複数校に１人体制で配置されている多くの自治体に比べると恵まれた体制である。しかし、３学年13クラスでICT機器の利用ができる環境では、同じ時間に複数の教師がICT機器を利用している状況になる。その結果、機器を利用する全授業に支援員が張り付くことは不可能になった。

● 運転しながらスマホの操作？

　授業中にICT機器が思ったような動きをしなくて授業の流れが止まると、小さなパニックが起こる。指導中の教員は、授業の流れを調整したり、生徒の反応を確認したりと、多くのことを同時に考えながら授業を進めている。それはハンドル・アクセル・ブレーキの操作をしながら周囲に気を配って車を運転している状況に似ている。運転中は運転に集中しなければならない。車の運転をしながらスマホの操作をしてはいけない。しかし、タブレットを使いながら授業をするということは、車を運転している最中にスマホの操作をしているのと同じぐらい注意力を削がれる。それはまったく世界観の異なる２つの操作を同時にしている状態だといえる。

　さらにスマホが思うように動かなかったらどうだろう。その時に起こるパニックは想像に難くない。運転手は車の運転に集中しなければならない。タブレット操作については練習を重ねれば方向指示器の操作程度になるが、「イメージ通りに機器が動かない」という現象には、その道の専門家である支援員に対応をお願いせざるを得ない。

●**必要なときに支援員に来てもらえるシステム**

　そこで考えたのが、タブレットのメールアプリで支援員を呼び出すシステムである。教師用タブレットのメールアプリには支援員の連絡先が登録されている。授業中にトラブルのあった教師は、このアプリを立ち上げて、「○年△組　電子黒板が！」とトラブルのあった場所やトラブルの状況を簡潔に連絡する。支援員は、タブレットに表示された送信者の名前と助けが必要な場所を確認して、現場に急行する。状況を確認しトラブルが解消できたら、次の連絡が入るまで職員室で他の用務にあたることができる。教室にインターホンがあったり、学級数が少なかったりと、簡単に支援員を呼び出せる学校であればこのような仕組みは必要ないが、1時限間に2〜3件のトラブルも起こりうる現場では、支援員が特定の場所に固定されずに、必要な瞬間に必要な場所に駆けつけることができることがとても重要な意味を持つ。そして、誰にとっても「いつでも来てくれる支援員」がいてくれる状況を作ったことで、ICT機器を安心して利用してもらえる環境が生まれた。　　　　　　　（平野　修）

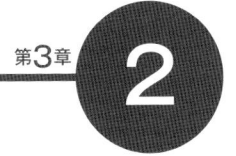

第3章 **2** 学習基盤確立に向けて

（1）　授業規律

　1人1台のタブレットを手にすると、机の上は写真のようになる。ほとんど机の上はいっぱいの状態だ。

　生徒はタブレットを手にすると学習動機は高まる。「触ってみたい」という気持ちがあふれている。当然、授業中、指遊びならぬタブレット遊びも可能になった。そんなとき授業者はどうするか。ICT機器がある、なしにかかわらず、授業者が生徒に「今すべきこと」を示していくことは大切な役割である。本校では4月に多用する言葉がある。「タブレットを使わないときは裏を向けましょう」。

　新しい学習ツールが入れば活用ルールや規律を考えなくてはいけない。しかし、5年間の取組で規律に関する考え方も変化してきた。スタート時こそICT活用に関する規律面は厳しくしていた。導入当初はとにかく生徒に触れさせることに神経を使っていた。タブレットを手にした生徒はいろいろ触り、できることを探そうとする。この「いろいろ」は教師からすれば「悪いこと」だけにしか結びつけ

ていなかった。「いろいろ」には当然「良いこと」もあるのだ。規律を厳しさや一方的なものだけで示すと、タブレット活用によって生まれる新しい発見や、生徒の試したい気持ちを削いでしまうことにもなる。生徒自身がタブレットを活用し、できる、わかる、新しい発見などの良さを実感したならば、よりよい活用につなげたいと考えるのは当然である。

　それに関する象徴的な事例を2つ紹介する。

　まずはタブレットと保管庫についてである。本校ではタブレットは保管庫で充電、保管、管理を行ってきた。

●保管庫とタブレット

2011年	タブレットは授業での活用以外、保管庫に入れていた。授業者は保管庫の鍵を持って教室に入り、生徒は授業開始と同時にタブレットを取りに来る。授業が終わる少し前に保管庫にタブレットを戻す。このタブレットの出し入れに約10分かかっていた。
2015年	保管庫は朝、生徒が鍵を取りに来て保管庫を開ける。保管庫は開けたままで放課後に鍵をかける。タブレットは休み時間に保管庫に入れても良いし、生徒が持っていても良い。持ち帰りをスタートさせたことで、充電は各家庭でも行うようになった。

　次に、タブレットを活用する際のルールである。

●タブレットの使用ルール

2012年

タブレットの活用について5原則を策定した。策定に当たっては生徒会の考えも反映したが、大部分は教員主導で考えた。

1 ● 大切に使おう
2 ● 設定の変更はしない
3 ● 許可なく写真動画撮影、ネット接続はしない
4 ● 許可なくiPadへのデータの保存はしない
5 ● 指定時間以外は使わない

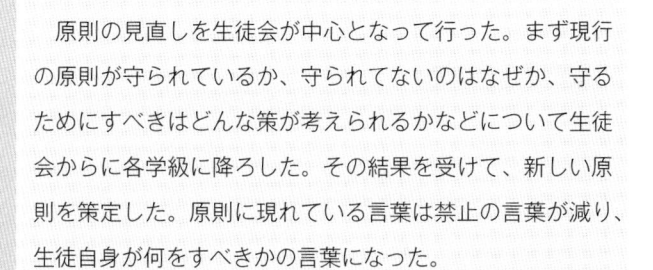

▼

2015年

原則の見直しを生徒会が中心となって行った。まず現行の原則が守られているか、守られてないのはなぜか、守るためにすべきはどんな策が考えられるかなどについて生徒会からに各学級に降ろした。その結果を受けて、新しい原則を策定した。原則に現れている言葉は禁止の言葉が減り、生徒自身が何をすべきかの言葉になった。

1 ● 大切に使おう
　・iPadは借り物であるということを忘れない！
　・持ち帰るときは、必ずケースに入れる
2 ● 設定を変更しない
3 ● 必要なときに使おう
　・課題、ドリルなど学習のための利用ならば、休み時間に使用しても良い
4 ● 許可なく写真などの撮影、データの保存をしない
　・自主学習のために黒板や掲示物を撮影しても良い
5 ● 許可なくインターネットに接続しない

>　　・授業でわからないことは、担当の先生にきちんと質問
>　　　しよう
> 6●家でしっかり充電してこよう
>　　・充電ケーブルの管理をきちんとしよう

　このように比較すると、どれだけ制限した活用から始めたかがよくわかる。「指定時間以外使わない（2012）」から「必要なときに使おう（2015）」への変化がすべてである。生徒は「限られた中だけで使う」でなく「いつどこで使えるかを考える」ようになってきた。もちろんマナーとしての最低限のルールは必要だ。これらのルールづくりは生徒にも考えさせ、生徒自身がふり返えることができるようにしたい。

（2）　ノートづくりと生徒の学び

　本校では「生徒がノートをとる」ことも重要な学習活動に位置付けている。「ノートをとる」ことの目的は、単にきれいに黒板を写すことではなく、頭を整理したり、学習を深めたりすることが目的である。5年間の取組の中で、ノート指導についても、教師それぞれが何の目的で書くのか、そのためにはどのようにすればいいかを考えるようになった。また、黒板に書いた内容をノートにとる活動の意味を捉え直すことで、5つの学習目的別協働学習モデル（P.26参照）を意識するようにもなった。これは、授業を考える際に、ICTを活用する場面、しない場面や生徒に協働学習を行わせる場面、一斉学習の場面、個別学習の場面の設定の判断を行うことを

繰り返してきたことから、ノートをとらせる指導についても、教師側がその意味を考え、生徒にその意味が理解できるように指導するようになったり、授業のデザインとノートをとることが関連したりするようになったと考えている。

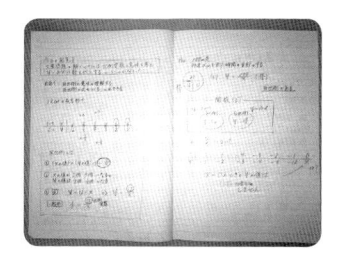

　毎時間、「本時のめあて」は黒板に書くようにした。これは協働学習のステップ１・課題共有のためである。

　めあてとして、例えば「リズムよく音読をしよう」「歴史的仮名遣いを理解しよう」を最初に黒板に書くことで、生徒もその時間のめあてを意識して授業に取り組むことができる。

　ふり返りも同様である。これは協働学習のステップ５・ふり返りである。生徒１人１人が授業後、本時のめあてについて自己評価をし、ふり返りを行う。ただ、この方法は教科や授業者によって異なっている。「ノートに書く、用意したプリントに書く」「タブレットに入力して記録する」など統一はしていない。

　ある教師は、これまですべて黒板に書いてきた内容を、単元や授業によって、板書せずに、生徒に考えて、整理するよう指示をするようになった。生徒に学習内容を自分で整理させることで、考える力や知識を構成する力を身に付けさせることを目指しているからである。ある教師は、ノートは語句や語句の説明をする場でなく、課題について自分の言葉で説明する場として捉えるようになった。生徒の主体的な学習活動を意識した授業づくりを目指してきたからである。

　ICT環境が整ったことで生徒はタブレットなど新しい学習ツールを手にした。生徒はこれまでノートだけでまとめていたことを、タ

ブレットを活用することで色や音などを使ったり、立体的に表現したりすることで、多様な方法で学びを外化することができるようになった。

「ノートはこのように書きなさい」と指示をして、行数までそろえて書くことがある。もちろん発達段階に応じて細かな指導が必要であることもあるだろう。しかし、時にこれらの「制限」が学びを「制限する」こともある。ノートには、何のために、何を書かせるかを考え、学校全体で共通理解できれば、生徒も教師もノートの活用をアレンジして学びを広げるノートテイキングが可能となる。

（楠本　誠）

（3）「持ち帰り」と「家庭学習」

授業が終わって、ある生徒が次の一言を言った。

「先生、期末テストが近いので、デジタル教科書に書き込んだメモを読みたいのですが、タブレットを家に持ち帰って良いですか」。

本校ではタブレットに学習者用デジタル教科書も実装されている。そのタブレットは最初の3年間、学校の中だけの活用だった。教科書と名のつくものを生徒の家で活用できない状況があったことに、はっとさせられた。これを機にタブレットの持ち帰りを考えていくことになった。

持ち帰りに関しては3つの課題があった。

1　持ち帰り学習で何をさせるのか
2　ネットにつながない環境でできることは何か
3　ネットにつなげた場合のセキュリティーはどうするのか

● **持ち帰り学習で何をさせるのか**

　家庭学習の内容を見直した。家庭学習の目的は何かである。それが決まれば何を行うのか、何をさせるのかが見えてきた。新たにタブレットを持ち帰ってできる家庭学習とは何かについて考えた。もちろんすべての家庭学習をタブレットで行うものではない。しかし、タブレットを活用することで、これまでの家庭学習ではできなかったことが実現できる。また、タブレットの家庭学習での活用を考えることは、家庭での活用とリンクさせて授業での活用を考えることにもなった。

● **ネットにつながない環境でできること**

　本校が使用しているタブレットはWi-Fiモデルである。無線LAN環境さえあれば、いつでもネットにつなぐことができる。ネットにつなげれば、家庭学習の幅も広がるだろう。しかし、各家庭のネット環境についてアンケートを行った結果、約3割が家庭でネット接続ができないことがわかった。そこで、家庭学習はネット接続を必要としないものとした。

　ではどのような家庭学習に取り組ませたか。まず、タブレットの特性を活用した家庭学習である。例えば、課題に対してカメラ機能で写真を撮りそのまま考えを書き込む、教科書の本文を音読し録音する、ネイティブスピーカーの音声を聞きながら発音練習をするなど、これまでの宿題ではできなかった家庭学習を行うことができた。

　次に、ダウンロードした教材を活用した家庭学習である。例えば学校でiTunes Uで配信した教材やドリル教材（ラインズeライブラリアドバンス）を各自でダウンロードする。この教材を持ち帰り

家庭学習を行う。これらは一律に同じ教材を配布するだけでなく、生徒が自ら選択した問題に取り組ませたり、生徒に決まった書式ではなく、自らのまとめたい方法でレポートを作成させたりすることが容易になった。それによって、個に応じた学習、自己調整を意識した学習につなげることができた。

●ネットにつなげた場合のセキュリティー

　学校内だけ活用していたときは、学校のネットワークから外部に出る前の段階にPROXY型のフィルタリングシステムを設置してフィルタリングをかけていた。この方法のフィルタリングは校内では有効でも、校外では無効である。そのため、端末を持ち帰り、外でつなげた場合に備え、生徒用タブレットすべてに1台ずつフィルタリングブラウザ（i-filter）を入れ、ルールに違反して学校外の無線LANに接続した場合でもフィルタリングが有効になるようにした。

（4）　担任教師による「情報モラル学習」の授業

　毎月1回のペースで全クラスにて、担任教師が「情報モラル学習」の授業を実施する体制を作り上げるに到った経緯を紹介する。

●情報モラル学習に対する教師の意識

　情報モラル教育や情報セキュリティー教育は、スマートフォン、タブレット等の普及が進んだ現代社会を生きる生徒に対し、欠かすことのできない教育であることは明らかである。しかし、現在の中学校の教育課程において、技術・家庭科の技術分野「情報に関する

技術」を含めた、全教科で指導できる情報モラル教育や情報セキュリティー教育に関する学習（以下、「情報モラル学習」）の時間数は、３年間で10時間前後であると見積もっている。しかし、学校内でタブレットを生徒が日常的に使用する環境では、この程度の学習時間数では生徒の利用実情に追いつけない。

　本校の生徒の実態を見ると、すぐにでも着手しなければならない状況があり、また、「学習指導要領解説　総則編」では、道徳や各教科等の指導の中で情報モラルについて指導することが定められているが、教員側の意識は、「情報モラル学習は専門的な知識を要するので、そのための教育を受けた専門職（なぜかパソコン好きの先生も含む）が指導するべき」という考え方が主流である。確かに、「フィルタリング」「マルウェア」「SNS」など、情報モラル学習に関する用語は難しく、言葉の意味を理解するだけでも勉強が必要となる。教員の中には「ワープロはできてもそれ以外のことが苦手」な方が少なからずおり、また、ほとんどの教員は、自分が担当する教科とは関係の薄い「情報モラル学習」は、「自分にはわからないもの」「わからなくてもいいもの」だと思っている。

● 「質問会議」による問題の共有と解決

　公立中学校である三雲中では、当然のようにこの問題に直面した。ICT研修を担当する筆者（平野）は情報モラル研修の体制づくりに悩んでいた。専門家による指導では日常的な教科指導に反映されない。教員全員が専門的な知識を身につけてから学習指導にあたるのは現実的ではない。そんな中、2013年８月に、本校の研究に関わっている長谷川元洋先生（本書監修者）による「質問会議」（株式

会社ラーニングデザインセンターの登録商標）の手法を用いた研修会が行われた。質問会議は、5、6名のグループの中でメンバー相互に質問し合いながら、問題の要因と解決策を探り、実行計画の立案までを行うものである。この会議で情報モラル研修の進め方で悩んでいることを自分が抱える問題として設定し、質問会議を行った。すると、当時の教務主任から「私たちに気兼ねせずに、やりたいように進めてくれたらいい」という提案をいただいたことから、問題を先送りにせず「情報モラル学習を1つの道徳教育に位置づけて、学校全体で実施する」という方向へ舵を切ることができた。

● **統一教材を使って、全員で共に学ぶ体制**

　教材は「情報モラルとコンピュータ」中学校・高校版（東京書籍）を利用した。本教材は情報モラルに関わる事例をまとめたアニメーション教材であるが、課題や用語の解説が詳しく、コンピューターに詳しくない教員でも理解できる。指導案原案を元に、各学年の研修担当が生徒の実情に合わせてアレンジし、月に1回のペースで実施した。指導に際しては、「情報機器の操作は生徒の方が慣れている事実を無視しない」「教員は指導者でもあり、この教材を使って生徒とともに学ぶ者でもある」という姿勢で実践してもらった。「あれやってはダメ！　これやってはダメ！」ではなく、「実際はどうしているの？」と生徒の実情に迫ることによって、生徒と教師が互いに学び合う場が生まれると考えた。そして、「人を傷つけてはいけない」「誠実さや思いやりが大切」という根本的な部分で教師がしっかりとラインを引くことで、道徳教育の中の情報モラル学習として位置づけることができた。

（平野　修）

第4章

ICTを活用した授業デザイン

第4章

1 導入から現在までに直面した3つのハードルとその解決策

　本校の5年間の実践を振りかえると、「あれ、何か違う」と思うことがあった。実はそのとき、落とし穴に陥っていたのである。そこには大きく3つの落とし穴があった。それに気づき、なんとか脱出する方法を考えてきた。これはタブレットが導入されたばかりの学校では同様の落とし穴に陥ることがあると考えられるため、実践を進める中で陥った3つの落とし穴と脱出法を紹介し、情報を共有したい。

(1) 落とし穴①▶▶▶ 「タブレットは魔法の道具、使わなければならない？！」

　学校に約500台のタブレットが届き、教師も生徒も1人1台のタブレットを手にすることになった。生徒はもちろんのこと、教師もタブレットそのものに興味が高まった。
「タブレットが入ることでこれまでにない授業ができる」
「タブレットは魔法の道具で、1人1台手にしているので使わなくてはいけない」
　いつのまにか、このような考えになって授業を考えていた。つまり、タブレットを活用することが目標になり、本来の授業の目標を見失いがちになっていたわけである。
　具体例を紹介する。タブレットのカメラ機能を使うといろいろな物を写真や動画に残すことができる。実験の瞬間や色、音、変化の

様子等を記録でき、後で諸感覚を使って見直すことができるため、理科では実験や観察時にこの機能を多用しやすい。

しかし、水素の爆発実験を演示した授業のビデオを見直していたとき、タブレットを使うことが目的の授業になってしまっていたことに気づいた。演示実験をしている場面で実験が始まると、周りを取り囲む生徒は一斉に撮影をした。タブレットからはシャッター音が鳴り響いていた。そして、次のような生徒の声も記録されていた。

「先生、見えませんでした」

「シャッターの音で水素の爆発音が聞こえやん（聞こえない）」

生徒は目の前で起こっている現象なのに、カメラを介して実験を見ているため見えていないのだ。そして聞いてほしい音もシャッター音が邪魔をして聞けていない。このときの生徒たちはカメラで撮影することだけを意識して、実験の様子を観察するという意識がなかったのである。つまり、この授業はカメラ撮影の授業であり、気体の変化を観察する授業ではなかったのだ。

💡 こうして脱出した

・タブレットの台数の検討

1人1台ずつあるからといっても、いつも1人1台を活用しなくてよい。1人1台、2人で1台、グループで1台、そして生徒によって、タブレットに配信する資料の内容を変えれば2人で2台の活

用も可能となる。実践を行う中で、学習課題によって台数を変化させるようになった。

・機器の活用を目的としない

　理科の時間の撮影に関しては次のようにした。実験や観察は直接目で見ること、撮影する場合は担当を決めたり、固定して撮影したりすることである。確かにICT機器は、時に魔法の道具になる。しかし、機器の活用が主になると、授業のめあてが薄れてしまう。授業のめあてを明確にして、活用するタブレットの台数や、活用方法を考えなくてはいけない。

(2) 落とし穴② ▶▶ 「こんなことができる」「あんなことができる」

　導入2年目には、「こんなことができる」「あんなことができる」と、授業で様々なことを試そうとして混乱したことがあった。授業でタブレットを活用し、その効果を実感したことで、いろいろなことを試したくなった。

　例えば理科の考察では、タブレットの活用によって考察に深まりが見られるようになった。実験の様子を撮影し、動画を見返すことで、科学的根拠を元にした考察ができる。動画を自分のペースで見返したり、拡大したり、見逃した瞬間の変化をより詳しく見ることができるからである。

　そして、それぞれの活用は「単に機器を使う」だけでなく、「意味を考えて使う」ことを意識できるようになった。カメラ機能の活用であれば、撮影するだけでなく、どのようなことに気をつけて撮影するのかを意識するなど、活用の改善を図るようになってきた。

しかし、その後、新たな課題に気づいた。これが2つめの落とし穴である。

ある日の職員室の会話である。

「デジタルが入ると効率化して授業の時間に余裕ができると思っていたけど、50分で収まらないよね」

「生徒が自分のタブレットで写真を撮って、それを使って学習するなんて今までできなかったから、すごいよね。でも、思っていたところまで授業が進まなかったんだ」

活用効果は感じられるが、時間が不足し、50分の授業として振り返ると満足できない状況が出てきた。

💡 こうして脱出した

デジタルであれ、アナログであれ、良いと思うことでも詰め込みすぎては50分の授業には収まらない。つまりは50分の授業デザインをどうするかを考えなければならない。授業者は、どのようにして、めあてに迫るのかを考えて授業をデザインする。目標を達成するための手立ての1つとしてICT機器の活用が加わったととらえ、ICT機器の活用場面を50分の授業に収まるようにデザインする必要がある。

・活用場面で見る視点と50分の授業デザインの中で見る視点

まず、ICT機器の活用場面だけを見直した。その活用の仕方は「授業のめあての実現のために有効か？」「その活用はタブレットでなくてはできないことなのか？　タブレットでなくてもできることなのか？　どちらでもできることなのか？」等を自問し、授業を見直した。

次に、50分の授業デザイン全体の中にある機器の活用場面として見直した。50分の授業全体で見た場合には、50分の授業の流れや次の時間以降の学習活動も考え、ICT機器を活用した方が良い場合もあれば、無理に活用しなくても良い場合もあることが見えてきた。

　このように2つの視点で考えることで、1つ1つの機器を活用した場面から50分の授業デザインを意識できるようになってきた。こうして2つめの落とし穴は脱出できた。

（3）落とし穴③▶▶「新入生スタートダッシュ、あれもこれも」

　導入4年目の頃である。教師側がタブレットの活用に慣れたことによって、新たな課題が生じた。

　本校ではタブレットを活用し協働学習を進めてきた。教員がタブレット活用の学習効果を実感したことで、活用は一気に進んだ。その一方で、新たな課題も生じてきた。

　例えば、1年生の4月の授業である。本校に入学する生徒は、小学生のときタブレットを活用した授業を経験していない。その生徒が、入学してからすぐに毎時間、各教科でそれぞれのアプリを活用した授業を行ったら生徒はどのように感じるだろうか。

　新年度当初はそれぞれの授業で「利用するアプリの起動と操作」、

「利用するシステムのIDとパスワードの入力」など基本的な操作の指導を複数回、行わなければならない。生徒にとって、タブレットの利用に慣れていなければいないほど、これらの操作は特別なことに感じるであろう。

　その年の1年生の理科の授業で、授業後にふり返りのアンケートを行った。生徒は「タブレットを使えて楽しかったです」「自分のタブレットでみんなの情報が見られたので驚きました」「操作が多くて難しかったです」など機器や機器操作に関する感想が多く、教科の内容に関する感想は少なかった。生徒にとっては授業内容よりも、機器の操作、使い方の方が印象に残る授業となっていたのだ。

　それぞれの教師は50分の授業デザインを意識して、ICT機器を効果的に活用できるようになった。それによって、生徒もICTを活用することが多くなったのであるが、導入当初は教師も生徒も徐々に活用を多くしていったため、上に書いたようなことは生じなかった。

　中学校に入学してくる生徒はデジタルネイティブとよばれる世代であり、中にはICT機器の操作に慣れている生徒が多いが、授業で利用するアプリやシステムには慣れていないことに気付いていなかった。また、協働学習にも慣れていない生徒が多く、1年生にとっては、慣れていない授業方法の中で慣れていない機器を使いこなさなければならない状況が生じていたわけである。

💡 こうして脱出した

　まず、授業のねらいを明確にし、機器の活用を踏まえ50分の授業だけでなく、単元や年間計画まで広げて見直し、スモールステッ

プで本校のICTを活用した協働学習を、スムーズに行えるように工夫した。2年生、3年生であれば4月からタブレットを活用した協働学習も行うが、1年生の4月の段階では、まず協働学習そのものを体験させたいと考えた。最初に生徒同士が教え合い学び合う協働学習に慣れさせることを第一に考えた。

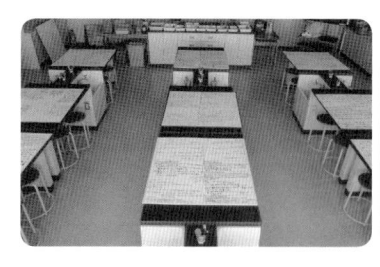

　そこで1m×1mの自家製ホワイトボードを作成し活用した。このボードは4人班で考えさせる際にちょうどいい大きさである。1人1本ずつペンを持ち、そのボードに自由に書き込みをさせた。自分の考えがグループで反映される経験、興味を持った他の人の考えを見て自分の考えを再検討、再構成する経験をさせることができた。生徒はホワイトボードを活用した協働学習を行うことで、協働学習の効果を実感できた。そして、その後のタブレットを活用した協働学習もスムーズに行えるようになった。

　今後も実践を進めていく中で落とし穴に陥ることはまだまだあるだろう。がむしゃらに進めるだけでは、見落としが出てしまう。時に立ち止まり実践をふり返りながら、落とし穴がないか確認し、落とし穴に陥っていることに気づけたら、工夫して、そこからの脱出を図っていきたい。それによって、効果的な活用が広がる。

（楠本　誠）

第4章 ② **生徒が学習効果を実感した タブレット端末の6活用**

　本節では、生徒対象にタブレット活用について取ったアンケートの結果をまとめ、その学習効果を考えたい。
　次はタブレットを活用した授業についての質問である。

> 　あなたが授業の中で、勉強が「わかった」「できた」を助けたタブレットの活用法は何ですか。また、それはどうしてですか。その理由も書いてください。

　この質問への回答をまとめると、生徒は次の6つの活用に効果を感じていたことがわかった。

　1　写真動画を撮る　2　書き込む　3　見る　4　見せる
　5　データを送受信する　6　拡大する

　そしてこれらを「自分のペースで活用できる」ことで、この6つの効果をさらに高めていることがわかった。以下、順に説明する。

1 ● 写真動画を撮る

【効果を感じた生徒の理由】
・動画で残せるので前の授業でしたことが思い出しやすい。
・時間がないときにすぐに撮影して残しておけるので便利。
・写真や動画はどの授業でもよく使う。また教員も多用する活用法である。

　生徒は様々な場面で写真や動画を撮る。授業後に板書を撮影した

り、タブレット上の画面もスクリーンショットを残したりと、自分のための記録として保存している。動画で残すことで色や音などの情報も残すことができ、ふり返り時には授業内容を想起しやすくなる。教師が意図的に撮影を指示する場面もあるが、生徒自身が自由に活用する場面が見られ始めている。

2 書き込む

【効果を感じた生徒の理由】
・自分が撮影した写真に書き込めるのでわかりやすい（小学校では自分が撮った写真に書き込むことはなかったので）。
・タブレットにある機能だけで色や太さを変えて書き込むことができるので、わかりやすいページをつくることができる。
・近くにいない人の画面にも意見を書ける。

生徒がタブレットに書き込む操作については、すぐに活用できることが良いという。しかも書いたり消したりすることや、色を変えたり太さを変えたり、また入力方法も、手書き入力、キーボード入力等を選べるなど、操作の容易さと選択できるツールがあることも、生徒の活用を促すポイントになったと考える。

3 見る

【効果を感じた生徒の理由】
・自分以外の人の意見を聞くだけでなく、見ることができるのでわかりやすかった。
・外でタブレットを使えたのでよかった。
・いろいろな情報が見えるから。

生徒がタブレットを見て活用している場面は様々である。内容も様々な情報を提示できる。多様化した資料や情報を見ることができ

るのも、生徒がよく活用するようになった理由の1つであろう。また活用場面も、教室だけでなく廊下や体育館、また、学校の中だけでなく、家庭や校外などで活用できる。場所を選ばずどこでも見ることができる端末を手にしたことも、活用を促したポイントになったと考える。

4 ● 見せる

【効果を感じた生徒の理由】
・人に説明するのは苦手だったが、タブレットを見せながら説明できたので助けられた。
・作った物をいろいろな人に見てもらえる。

生徒がタブレットを効果的に活用できるようになると、学びをまとめた学習成果物も多くなった。授業であれば、自分の考えをタブレットにまとめて他の生徒に見せながら説明したり、文化祭等であればスライドを作成して発表したり、美術や総合的な学習でのデジタル作品を展示して保護者に見せたりする機会が増えている。このように、タブレットで自分の考えをまとめたものや作品などの学習成果物を容易に提示できるようになったことは、生徒の活用を促したポイントになったと考える。

5 ● データを送受信する

【効果を感じた生徒の理由】
・他の人のデータを受信することができるので、自分の考えと比べて考えることができた。
・班で作業を分担しているときに、同じ班の他の人達がしていたことをデータで送ってくれたので1つにまとめることができた。

タブレット間や電子黒板とタブレット間でデータの送受信ができることで、生徒も教師もこれまでの授業では難しかったことが可能になったと実感している。特に、データの送受信によって「考えの共有」が容易になった効果は大きい。自分の考えと他の考えを比較して、再検討、再構成しながら新しい考えを生み出しやすくなった。ボタン1つでお互いの考えを瞬時に共有できたことが。生徒のタブレット活用を促進したポイントになったと考える。

6 ● 拡大する

【効果を感じた生徒の理由】
・電流計の目盛りが見えにくかったけど大きくして読むことができたから。
・撮影の時、拡大することができるので見やすい（顕微鏡みたいになったから）。

　タブレットに表示される画面を拡大する操作は、指2本で簡単にできる。生徒の活動を見ると、カメラで撮影するとき対象物を拡大して撮影したり、タブレットに表示された情報を拡大して見たりしている。拡大機能を活用することで、焦点化して観察したり、そこから気づきを得たりすることが容易になる。この機能は、自分で気づいたり、発見したりする喜びを大切にした授業で効果を発揮する。

（楠本　誠）

第5章 生徒の活動場面別のポイント〈28実践〉

第5章

1 一斉学習の場面

実践1 新出単語の導入と実物投影機による基本文の確認のためのデジタル教科書の活用

〈中学3年・英語〉
単　元：Program7-1「What is the most important thing to you?」
　　　　（Sunshine English Course 3）
実践者：西　義伸

授業目標
　新出単語の意味や発音を理解し、（新文法事項である）関係代名詞（who主格）の基本的な表現を理解する。

授業概要
　新出単語について意味や発音を確認した後、教師用デジタル教科書を使って、関係代名詞の語順や用法などの文法的な解説を行う。少人数班で確認プリントに取り組ませた後、実物投影装置を使って解答と解説をし、学習内容の定着を図る。

デジタル教材とアナログ教材の使い分け・組み合わせ

デジタル　〈電子黒板、デジタル教科書、実物投影機を活用した理解の定着〉
　様々なデジタル機器を利用し「見る・聞く・話す・読む」の学習活動をより活発にできるようにICTを活用した。また、確認プリントの答え合わせは実物投影機を使用し、よりわかりやすい解説ができるよう取り組んだ。

アナログ　〈学力を定着させるための確認プリント〉
　新出単語の意味や発音、基本例文の文法説明は、情報を残しておける黒板で行った。英語表現及び理解の能力の向上を図るために、ペアワークで確認プリントを活用した。

実物投影機を使って注意点を解答・解説　　教師用デジタル教科書を使って単語の学習

ICT活用のねらい

①英語の学習指導において「読むこと」「書くこと」「聞くこと」「話すこと」をバランスよく指導することは重要である。「読むこと」「聞くこと」の学習をより活発にするために、教師用デジタル教科書と電子黒板を活用した。

②練習問題の解答については、これまで板書による答え合わせであったが、実物投影機を利用することで、問題文を見ながら解答確認ができる、重要な問題に印ができる、ポイントを押さえて説明することができるなど、よりわかりやすい答え合わせが可能となっている。

ICTを活用したアクティブ・ラーニング

本時の授業では「単語の導入」「基本文の文法の解説」を中心として展開した。まず単語の導入では、教師用デジタル教科書を利用し、発音や意味を板書と電子黒板を使って導入した。その後ペアワークによって確認をさせた。

また基本文の導入では、板書による説明（授業中、残しておく情報）、確認プリントをペアで行わせる（協働学習）、実物投影装置による答え合わせ等の順に行い、理解、定着及びコミュニケーション能力の向上も図った。

他教科にも活かせる活用ポイント

全体指導の場面で生徒全員の目を前に集めて指導したり、練習をさせたりすることに電子黒板は有効である。また、生徒の手元にあるプリントと同じものを、実物投影装置で画面に提示しながら解説をすることで、よりわかりやすく説明できる。

実践2　古典の授業におけるICT機器

〈中学3年・国語（古典）〉
単　元：「夏草〜おくのほそ道から」
実践者：橋本　肇

授業目標

　郷土の偉人・松尾芭蕉の生き方や作品について知り、旅に対する思いや覚悟を読み取る。

授業概要

　写真や動画を用いて、作者について関心を持ち、冒頭部分の表現の特徴に注目する。昔の旅と現代の旅の様子の資料をタブレットで閲覧し、比較することで、本文に込められた作者の旅に対する思いと覚悟を読み取る。

デジタル教材とアナログ教材の使い分け・組み合わせ

デジタル	〈イメージを持たせる、読み方を知らせる〉 　古典の学習で生徒にイメージを持たせるために写真資料やデジタル教科書の動画を示した。また、音読機能を使い、読み方を示した。
アナログ	〈現代語訳の演習〉 　本文の読み取りや、現代語訳の学習場面では、ノートに記述する活動を重視した。

冒頭部分に込められた作者の思いを読み取る　　映像を使いながら昔の旅をイメージさせる

ICT活用のねらい

①古典の授業では、言葉で説明しても、生徒はイメージしにくいことが多い。そのため、教科書本文に関連する静止画をたくさん提示した。また、導入段階では、作品を身近なものと捉えさせるために、生活の身近なところに松尾芭蕉の俳句が刻まれた石碑があることや、「おくのほそ道」という作品には、人気観光地がたくさん出てくることなどを紹介し、生徒の興味関心を高めたことで、スムーズに学習内容に入れた。

②「おくのほそ道」に対する松尾芭蕉の決意を読み取るために、江戸時代の「旅」と現代の「旅行」を比較する活動を行った場面でも、多くの静止画を提示した。それによって、生徒同士での話し合いを活発にすることができた。

ICTを活用したアクティブ・ラーニング

昔の旅と現代の旅のデジタル写真を使って、現代の旅行と、「おくのほそ道」の旅を比較する活動も行った。その活動の中から、芭蕉の決意に気づかせようとした。

他教科にも活かせる活用ポイント

単元の導入部分で視覚的・聴覚的に訴える資料を提示することで、生徒の学習意欲を高め、スムーズに学習内容に入ることができる。音読機能を活用することで、生徒が慣れ親しんでいない文章に対する抵抗感を少なくできる。

第5章 1 一斉学習の場面

実践3　グループ練習でのBefore After

〈中学1年・音楽〉
単　元：アルトリコーダー「聖者の行進」
実践者：林　真里

授業目標
　アルトリコーダーの奏法や記号を意識し、工夫して練習し、グループ演奏をしよう。

授業概要
　既習曲でリコーダーの練習をし、本時の曲「聖者の行進」の独奏と合奏の模範演奏を聞き比べた後、グループで合奏練習をさせる。タブレットで録画・閲覧し、課題をあげながら反復練習を行い、演奏発表させた。

デジタル教材とアナログ教材の使い分け・組み合わせ

デジタル	〈動画観察による自己技能の確認〉 　演奏している姿を動画に撮影、閲覧することで、アルトリコーダーの指使いを確認し、苦手なところをチェックすることができる。自己技能の確認をすることで技術の体得ができる。
アナログ	〈合奏を楽しむ〉 　1人1人が演奏技術を高め、仲間とともに合奏し、その響きを楽しむという、音楽の楽しさ、素晴らしさに触れさせる。

班になって合奏の練習をする　　　互いに撮影録画し、アドバイスし合う

ICT活用のねらい

①ペア練習では、演奏しているところを撮影させ、動画を見て指使いなどの課題を見つけさせることができた。自ら見つけた課題の解決に向けて反復練習をする姿が見られた。

　グループ練習ではパート分けをし、最初に特に意識せずに合わせた演奏を録画させ、次に音を合わせることを意識させた演奏を録画させた。それらを比較して課題を見つけさせ、課題解決に向けた練習を行わせた。これを数回繰り返すことで、技術の向上につながった。

②全体での発表で、最初の演奏を電子黒板で流し、そのあと気をつけて練習したポイントを発表させた。その後、ポイントを意識して練習することで、音楽がより良くなっていくことを実感させることができた。

ICTを活用したアクティブ・ラーニング

　本授業は、中学1年生のアルトリコーダーの指使いに慣れてから初めて合奏に取り組んだ授業である。アルトリコーダーの基本的な奏法を身につけ、合奏の響きを楽しみ、楽曲の特徴であるかけ合いや和音の響きを感じながら、演奏することを目指した。演奏の映像を班や学級全体で確認させる活動の中で、主体的に練習に取り組む姿勢を育むことができた。

他教科にも活かせる活用ポイント

　録音録画することで、すぐにふり返ることができるため、客観的に自分たちの演奏や技能を見る（聴く）ことができる。また、全体で共有することで、グループの工夫や変化を共有することができる。

第5章　1　一斉学習の場面

実践4　視覚的な比較による理解

〈中学3年・数学〉
単　元:「関数 $y=ax^2$」
実践者：山本祥子

授業目標
　関数 $y=ax^2$ のグラフがかけるようになる。

授業概要
　関数 $y=ax^2$ の通る点を、表を用いて確認する。生徒用タブレットに方眼用紙を配信する。通る点を方眼用紙にかかせる。通る点をどのようにつなぐか考えさせて完成したものを送信させ、解答からグラフについて考察する。

デジタル教材とアナログ教材の使い分け・組み合わせ

デジタル	〈重要なポイントを確認する〉 　グラフがどの座標点を通るのかを拡大して提示することで、視覚的に重要なポイントを確認させ、より理解を深めることができる。また、生徒全員の答えを表示し、それらを比較させ、間違いやすいところを確認させた。
アナログ	〈曲線のグラフをかく技能を習得する〉 　間違いやすいポイントを確認した後は、紙のグラフ用紙に書かせ、2次関数のグラフを正確にかけるように指導する。

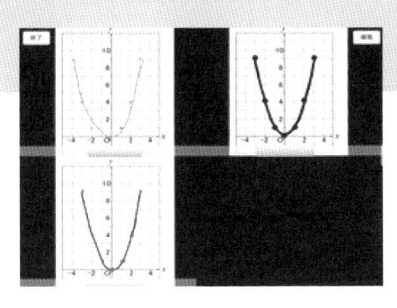

1台のタブレットをのぞき込みながら教え合う

ICT活用のねらい

　生徒に送信させたグラフのうち、似たような間違いをしているものを教員が選択し、電子黒板に提示することで間違いやすいポイントを理解させた。また、見本となるグラフを、電子黒板で提示して解説し、生徒用タブレットに送信して、それを見ながら紙のグラフにかく学習活動の手立てとした。

ICTを活用したアクティブ・ラーニング

　生徒用タブレットから送信されたグラフのうち、典型的な間違いをしているグラフを選択し、それを電子黒板に提示した。前時で、関数 $y=ax^2$ のグラフがどのような形になるのか概要を説明した。本時では、関数 $y=ax^2$ のグラフを生徒自身でかくことができるようにする。生徒用タブレットにグラフ用紙を配布し、式と表をもとに画面上でグラフを完成させる。完成したグラフを教員用タブレットに送信させ、似たような間違い方をしているグラフを教員が選択し、電子黒板に提示した。どこが間違っているのかを生徒に考えさせ、発表させる中で全員の生徒の理解を深めるようにした。また、タブレット上で拡大してグラフを記入させ、マス目を通る点以外にも気を配らせた。

他教科にも活かせる活用ポイント

　デジタルデータの情報共有の容易さを活かし、生徒の解答を使って、クラス全体で学び合うことは、有効である。
　また、タブレット上で拡大させ、細かな点まで注意しながら、記入させることにも有効である。

第5章 1 一斉学習の場面

実践5　資料を生徒に提示する

〈中学1年・社会（地理分野）〉
単　元：「九州地方の農業」
実践者：青木信也

授業目標
　自然環境との関係に着目して九州地方の農業の特色を理解する。

授業概要
　地域別農業生産額のグラフなどを電子黒板に提示し、資料の読み取りを行う。農産物の都道府県別ランキング表をもとに、どのような農作物が盛んなのかを考えるとともに、九州地方の自然環境を考え合わせ、その関連性を見いだす。

デジタル教材とアナログ教材の使い分け・組み合わせ

デジタル	〈重要ポイントの強調、カラー資料の活用による理解の促進〉 　資料の重要ポイントを拡大して提示することで、視点を絞って説明する。カラー資料を使うことで生徒に興味を持たせ、また、わかりやすく提示できる。
アナログ	〈深い思考を促すための教科書・ノートの活用〉 　資料から読み取り、気づいたことをまとめさせたり、知識を定着させたり、じっくりと理解させたりするときは教科書やノートを使って学習を行った。

どんな特徴が見られるのか班で話し合い考える　　データとデジタル教科書を見比べて考える

ICT活用のねらい

　地理の学習では地図や表・グラフなどの資料を利用することが多いが、教科書や地図帳に、授業にそのまま使えるものがあるとは限らない。

　そのようなときは資料を自作することになるが、これまでは白黒の資料しか作れなかった。しかし、デジタル資料では、カラーで作成し、それを生徒に提示したり、配付したりできる。また、カラー資料を電子黒板で提示し、部分的に拡大して視点を絞ったり、生徒個々のタブレットに送ったりできるシステムは非常に効果的である。

ICTを活用したアクティブ・ラーニング

　生徒用タブレットに、九州地方の県の生産量が上位5位以内に入る農作物を選んで作成した表を配付し、班で表中の九州地方の県名を見つけさせた。電子黒板を使い、九州地方の県に色をつけて、答え合わせをしながら、畑作や畜産が盛んであることに気づかせた。

他教科にも活かせる活用ポイント

　資料の内容を単純化することで生徒がわかりやすくなり、その資料をカラー表示することで、生徒に興味を持たせ、思考と理解をより深められる。

第5章 ① 一斉学習の場面

実践6　個人情報漏洩の疑似体験

〈中学2年・技術〉
単　元：「ネットワークと情報セキュリティー」
実践者：平野　修

授業目標
　タブレットの写真アプリを操作することによって、写真データから個人情報が漏洩している様子を発見し、自ら主体的に個人情報の取り扱いに関わる意識を高める。

授業概要
　ブログに掲載した写真が原因でトラブルとなった相手が自宅まで来てしまったという架空の事件を提示し、個人情報の漏洩の危険性を体感させる授業である。タブレットを使用して画像を検証することによって漏洩の状況を発見し、現実の問題として意識を高めることを目指した。

デジタル教材とアナログ教材の使い分け・組み合わせ

デジタル	〈デジタルデータに複数の情報を埋め込むことができることを理解させる〉 　ペットの写真に含まれている位置情報を読み取った者が自宅まで来たという架空の事件を教材とし、電子黒板を使って説明した。位置情報が含まれた写真データを生徒のタブレットに送信し、写真アプリで漏れた情報を調べさせた。
アナログ	〈重要事項の情報を手元に残す〉 　調べてわかったことや個人情報を守るための具体的な操作方法を授業プリントに記載することで、生徒の手元に情報が残るようにした。

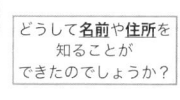

課題提示　　　　　　　　　　　位置を確認した画面

ICT活用のねらい

　この授業では、位置情報が含まれた写真を生徒用タブレットに配布した。そして、生徒は自分のタブレットを使って、画像データの中に含まれている目に見えない「撮影場所の経緯度データ（位置情報）」を読み出させ、写真が撮影された位置を確認させることで、1つのデータに複数の情報が埋め込まれていることを理解させた。

ICTを活用したアクティブ・ラーニング

　「どうして相手は自宅まで来ることができたのか？」という課題に対してグループで話し合わせ、「写真に場所を特定する景色が写っていた」「個人の持ち物に住所が書かれていた」といった既知の事柄から連想される原因を見つけさせた。さらに「問題の画像をタブレットで扱うことによって、その原因を特定することができる」というヒントによって、写真に含まれる位置情報に気づかせ、その後、タブレットのアプリを使って確認させた。それによって多機能なタブレットを適切に設定することについて意見を交流させ、技術的な視点からの考察を深めさせることができた。

他教科にも活かせる活用ポイント

　データに含まれる目に見えない情報を可視化するために、ICT機器は大変有用である。また、教科学習でICT機器を活用する際には、自らの個人情報を自ら主体的に守るよう意識させることも重要である。

第5章 2 個人学習の場面での活用

実践 1　身近な地域の調査

〈中学1年・社会（地理分野）〉
単　元：「身近な地域を調べよう」
実践者：山口雅史

授業目標
　地域の地形図を使って地図の方位を確認し、地図記号を読み取る。

授業概要
　地形図の方位を確認し、常に北が上であるとは限らないことを確かめ、地図記号の意味や由来について考えた後、松阪市の地形図を電子黒板に表示し、どんな地図記号が記載されているかを確認させる。

デジタル教材とアナログ教材の使い分け・組み合わせ

デジタル	〈電子黒板で共通理解を図る。デジタルの地図で個々に確認させる〉 　松阪市の地形図を電子黒板で表示することによって、学級全体で共通理解を図れる。また、紙の地図を読むのが苦手な生徒に配慮し、タブレットで表示させた地図の検索機能を利用して、地域の施設の場所を確認させた。また、デジタルの地図は必ず上が北になることを説明し、紙の地図を読む際のヒントの1つとした。
アナログ	〈地図で読む力をつける〉 　紙の地図を読むのが苦手な生徒がいる。そのため、デジタルの地図を補助資料として、紙の地図上の地図記号を読み取らせるようにした。

デジタル資料と紙面の地図を使って読み取る　　　拡大表示しながら地形などを読み取る

ICT活用のねらい

　地図を読むことが苦手な生徒のために、生徒用タブレットにデジタルの地図を表示させ、それをヒントとして紙の地図の読み取りをさせた。1人1人が松阪市の地図を使って調べたことについて、グループで紹介・発表させた。それらを電子黒板に表示した地図に記入し、全体に提示して共通理解を図った。それによって、他の班員が見つけた施設等について気づかせるようにした。地図を拡大し、その地図にマークし、全体に見せることができるのは、電子黒板ならではである。

ICTを活用したアクティブ・ラーニング

　まず、生徒1人1人に、松阪の地形図で方位を示す記号により、方位を確認させ、タブレットのアプリでも確認させた。そして、身近な地域の地図の地図記号を班単位で調べさせ、チェックをさせた。さらに、電子黒板上の松阪市の地図にマーカー機能を使ってチェックさせ、全員が電子黒板上の画面で地図記号を確認することができた。

他教科にも活かせる活用ポイント

　方角や空間の認識が苦手な生徒にデジタルの教材を活用して、その認識能力を身につけさせる指導に活用できる。

実践2　モデリングによるダンス技能の習得

〈中学2年・保健体育〉
単　元：「ダンス」
実践者：川口一生

授業目標
　模範教材をタブレットで視聴したり、動画撮影したりすることで、自分たちの動きを確認し、演技の向上につなげる。

授業概要
　ダンス発表に向けて、参考となる模範教材をモニタリングしながら、班全体の動きや1人1人の動き方を見直す。撮影録画をしながら練習をし、実際の動きを認知し比較することで、演技の向上に努める。

デジタル教材とアナログ教材の使い分け・組み合わせ

デジタル　〈自己技能の確認、モデル映像の観察〉
　模範教材を視聴させ、それをモデルとさせた。モデルとなる映像は何度も繰り返して見ることができ、自分の動きと参考となる動きの違いを確認できる。また、個々のタブレットを使うことで自分のペースで学習を進めることができる。

アナログ　〈班での創作ダンス〉
　ダンス発表に向け、タブレットを活用しながら、班での改善のための話し合いや練習活動を協働学習として行った。また、毎時間の学習のふり返りは紙のプリントに記入させ、ファイルに綴じさせた。

自分達の動き方を確認して、改善点を確認　　班で声を掛け合いながら反復練習

ICT活用のねらい

　各班が１つの作品を作っていく上で、もととなる参考の動きをタブレットで視聴させ、その映像を見ながら、まずは模倣させるところから始めた。また、同時にその作品の音楽についてもタブレットを使って手に入れ、班での作品に活かすことができた。

　さらに、自分の動きを友達に録画してもらい、その動きを確認させることもした。１人１人の動きの確認から、班の隊形、隊列の確認、舞台の上での場所取りなど、自分たちの動きをタブレットで録画させ、より良いものに仕上げていくために活用させることができた。また、それを授業の冒頭で見させることで、本時のめあてをより明確に確認させることができた。

ICTを活用したアクティブ・ラーニング

　本授業は、中学２年生の10月に行った授業である。１年時より10時間程度、ダンスの授業は行っており、生徒たちにとっては、楽しみな授業の１つである。各クラスの生活班をグループとして、男女混合のチームで、自分たちのダンスをより良いものにするために、タブレットの動画再生機能、録画機能をフル活用して、工夫しながら学習に取り組む姿が見られた。

他教科にも活かせる活用ポイント

　モデルとなる映像資料を活用して学習させられる。また、タブレットで自分の動きやチーム全体の様子を録画して、確認することで、生徒１人１人が自分たちの姿や動きを客観的に確認できる。

第5章 ❷ 個人学習の場面での活用

実践3 発見能力の伸張と試行錯誤の時間確保のためのICT活用

〈中学3年・数学〉
単　元:「中点連結定理」
実践者:湊川祐也

授業目標
中点連結定理を利用した応用問題に挑戦し、問題の解法を理解する。

授業概要
1問目の問題を生徒のタブレットに配信し、タブレットで解答・返信させる。ディスカッションと送信の2つの機能をペアで使い分けながら教え合わせる。次に難易度を上げた2問目を配信し、同様に解かせ、確認テストをする。

デジタル教材とアナログ教材の使い分け・組み合わせ

デジタル	〈試行錯誤をさせる時間を生み出す〉 何度も書いたり消したりしながら考えさせるために、板書のデジタル写真を利用する。また、試行錯誤させる時間を生み出すためと学習内容を定着させるために解説動画を利用する。
アナログ	〈協働学習のための「足場がけ」、学習内容の定着〉 問題を解くためのヒントになる情報は黒板に書く（板書の内容が、協働学習のための「足場がけ」になっている）。学習内容を定着させるためにノートにまとめさせる。

ICT活用のねらい

①難易度の高い図形問題を解く力を養うには、何度も試行錯誤させながら、

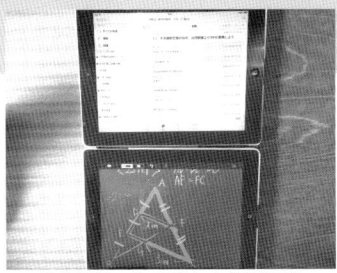

生徒用iPadに転送した板書写真　　　復習用動画教材と生徒のノート

証明に利用できる条件を見つける練習を行う必要がある。何度でも書いたり消したりできるデジタルデータの特性を活かし、タブレット上の図で、証明に利用できる条件を発見する力を養う。
②授業中は教師の説明を聞くことに注力させ、家庭での復習時に解説ビデオを見ながらノートに取るように指示することで、授業中に試行錯誤しながら考える時間を生み出す。また、自分のペースで解説ビデオを視聴させることで、学習内容をしっかりと定着させる。

ICTを活用したアクティブ・ラーニング

　２つの証明を組み合わさなければならない難度の高い図形問題を板書し、それを教員が写真で撮り、生徒のタブレットに送った。個人思考としてタブレット上で問題に取り組んだ。タブレット上で思考することで、書く・消すが容易になり、試行回数を増やすことができた。次に、ペアになり、グループで思考させる。１グループに発表させ、教員で補足説明を行った。
　宿題は、タブレット上でその問題の解き方の解説動画を視聴してノートを取ることと、類題の演習とした。わかりにくい箇所は一時停止させて考えたり、繰り返し視聴したりするように指示した。さらに、補足説明をノートにメモするように指示をして、学習内容の定着を図った。

他教科にも活かせる活用ポイント

　ノートにまとめる活動を、解説動画を見ながら行う復習課題とすることで、授業中に試行錯誤をさせる時間を生み出すことができる。

実践 4 自分たちの動きを動画で撮影し 1人1人が確認し技能を習得する

〈中学3年・保健体育〉
単　元：「マット運動」
実践者：平松幸三

授業目標
　タブレットで互いの動きを録画し、閲覧して動きを確認し合いながら、倒立前転ができるようになる。

授業概要
　グループになり互いに補助付きで倒立前転の練習をする。タブレットで録画した自分の動きを見て、改善点を確認しアドバイスし合い、さらに練習を重ね、倒立前転ができることを目指す。

デジタル教材とアナログ教材の使い分け・組み合わせ

デジタル	〈自分の身体の動きを認知したり、他の生徒の動きから学び取ったりする（メタ認知と自己調整学習）〉 　タブレットの撮影機能を活用し、マット運動の様子を撮影、閲覧することで、自分の体の使い方や自己技能を客観的に確認したり、他の生徒の動きから改善点を学んだりすることができる。
アナログ	〈改善ポイントの言語化による意識化〉 　良い身体の動かし方に改善するポイントを考えさせる場面では、身体の部位の名称を言葉にさせ、自分の身体の動きを意識した練習ができるように指導している。

録画した動画を見て改善点を考察　　　練習中の動きを班で撮影

ICT活用のねらい

　保健体育の授業では、自分のイメージした動きに向けて自分の身体の動きを調節していくことが多い。また、それぞれの単元によって運動の特性も異なる。自分が頭で想像する動きを十分に表現していくことは困難であるが、タブレットを利用し、実践、撮影、見直し、修正という作業を繰り返すことで、その実現により近づくことができるようにした。

　普段のスピードと感覚では気づくことが難しい自分の細かい部分の動作を、スローモーションで確認させ、自分で改善ポイントに気づけるよう指導した。

ICTを活用したアクティブ・ラーニング

　本授業は、中学3年生の11月に行った授業である。様々な技を行っている自分たちの動きをグループで撮影し、見直して修正を加えていくという作業を繰り返す中で自分自身の動きを確認させ、技能向上につなげさせた。また、自分たちの考えるオリジナルの動きも取り入れ、楽しさや面白さなどの感情表現力の向上も図った。この学習にタブレットを用いた動画の撮影と閲覧を取り入れることで自己認識力を高め、技能習得を目指した。

他教科にも活かせる活用ポイント

　プレゼンテーション、演奏、合唱、ダンス、のこぎり引き、包丁を使った調理等、自分たちの様子を撮影して、改善させる場面での活用は効果的である。ただし、単に自分の動きを撮影するのでは楽しさだけで終わってしまうため、より良くするための改善点を生徒が発見できるような手立てや指導が必要である。

実践5 「数学いろいろプリント」による1人1人の興味づけ

〈中学1年・数学（プリント学習）〉
単　元：「正の数・負の数」
実践者：大北　浩

授業目標
単元以外の内容によって、数学のおもしろさを知り、興味を持つ。

授業概要
クイズのような問題を解かせ、考えれば考えるほど複雑になってくることに気づき始めた頃、問題を解くための視点に関する情報を与える。そして、それに気づけば簡単に解けることに気づかせ、数学のおもしろさを味わわせた。

デジタル教材とアナログ教材の使い分け・組み合わせ

デジタル　〈複数の問題を小出しにして考えさせる〉
問題プリントをデジタルデータで配付した。閲覧・配付・保存性に優れており、また複数枚の資料を短時間で配付可能である。生徒が自分のペースで考える時間を確保できる。

アナログ　〈解答情報へのアクセスを制限する〉
解答を見てしまうとその時点で、自分で考えることを止めてしまうため、すぐにアクセスさせない方が良い情報はアナログで提供することにした。

ICT活用のねらい

生徒は「数学って何の役に立つの？」との疑問を投げかけてくることがあ

問題を配信し自分のペースで解く　　生活に関連した問題を班で考察

る。「正しい考え方や手順・道筋を勉強する教科だ」と答えるとともに、数学の学習を通じて柔軟な考え方や工夫する力を養うことができることに気づかせるために、柔軟に考えないと解けない問題を複数用意し、それを生徒用タブレットに配付して解かせた。

ICTを活用したアクティブ・ラーニング

　本授業は中学１年生に対して、年度末に行った授業である。「正の数・負の数」の学習から「空間図形」や「資料の整理」等、既習の知識を活用して、実生活と関連する内容の問題をタブレットに配付し、個人での思考に加え、協働学習で問題に取り組むこともさせた。

《プリントの問題例》

【なぜわかったのだろう？】
　ある映画館の指定席は1,700円、自由席は1,200円です。ヒロシ君が2,000円出したところ、店員に「指定席ですか？自由席ですか？」と聞かれました。次にマサシ君が2,000円出したところ、店員に「指定席でよろしいですね？」と言われました。なぜでしょうか？

【いくつ？】
　ある数は、2で割っても3で割っても、4で割っても5で割っても、6で割っても7で割っても、8で割っても9で割っても、10で割っても1余ります。このような数のうち最も小さい数はいくつでしょう。

他教科にも活かせる活用ポイント

　複数種類の資料や問題等を、小出しに何度も配付した方が学習効果が得られると期待できる場面では、デジタルデータの教材プリントをタブレットに配信することで時間を有効活用できる。

第5章 ② 個人学習の場面での活用

実践6　停止画をコマ撮りし、動画作品を創り1人1人が確認し技能を習得する

〈中学2年・美術〉
単　元：「動き出すメッセージ」
実践者：梅田千尋

授業目標

　自分が伝えるために、効果的、独創的なストーリーを考え、それを映像作品として表現する。

授業概要

　制作会議を行い、個人の制作の進行状況を班で確認し、役割分担をして、ストーリーを考える。「KOMAKOMA」というアプリを使い、班で協力しながら映像作品を創作し、できた作品を電子提出する。

デジタル教材とアナログ教材の使い分け・組み合わせ

デジタル	〈静止画から動画作品を創る〉　タブレットのアプリ「KOMAKOMA」（コマ撮りしてつなげて動画にする）を使い、デジタルムービーを制作した。
アナログ	〈作品の素材を作る〉　コマ撮りする素材の材料として、砂絵、イラスト画、チョーク画、写真などを活用した。

ICT活用のねらい

　美術ではいろいろな種類の絵の具で、多様な技法を取り入れて、絵を描いたり、写真を使ったり、物を創ったり、版画を創ったりして、静止画作品を

様々な手法で描いた絵を撮影 　　　コマ撮りした静止画をつなげてストーリーに仕上げる

創ることが多い。
　ICTを活用して、生徒が創作した停止画を1つ1つタブレットのカメラでコマ撮りにして、つなぎ合わせることで、停止画から動画作品を創ることが容易にでき、静止画ではできない表現をさせることができる。
　また、この学習活動を通じて、生徒は身近にあるアニメーションなどの映画、TVなどの映像が、段階を踏まえて細かい作業によって、1つの動画作品になるということを、実践して肌で感とることができた。

ICTを活用したアクティブ・ラーニング

　中学美術科の指導要領には表現を広げるために、ビデオやコンピューター等の積極的な活用を図ることが記載されている。砂絵、イラスト画、チョーク画、写真、人物、物体などを使って、コマ撮りし、つなぎ合わせ動画にする。4人グループで、ストーリーの創作係、撮影係、いろいろな技法を形に表現する係等の役割分担を明確にして作成した。そして、個人個人の発想や発見をグループで確認しながら、1つの作品を創り上げる学習を行った。

他教科にも活かせる活用ポイント

　例えば、「心臓の動き」や「スポーツ選手のフォームの連続写真」等、動く様子を静止画で説明しているものをコマ撮りして動画にすることで、動きのある映像にすることができる。動画を停止させ、静止画をじっくりと観察することも可能であり、静止画と動画の両方の良さを備えた映像を作れる。

実践7 ネットショッピングの疑似体験

〈中学3年・技術・家庭（家庭分野）〉
単　元：「消費生活」
実践者：上村千奈津

授業目標
ネットショッピングの便利な点と注意すべき点を理解する。

授業概要
銀行振込とクレジットカード決済のしくみについて解説した後、銀行振込とクレジットカード決済の疑似体験をさせた。その後、グループで、それぞれの決済方法のメリット・デメリットを考えさせたり、信頼できるお店を選択するために、特定商取引法に基づく表示項目の確認をさせたりした。

デジタル教材とアナログ教材の使い分け・組み合わせ

デジタル
〈ネットショッピングの疑似体験〉
　ネットショッピングの疑似体験サイトを利用して、クレジットカード決済による商品購入を体験させた。
※教材サイト　レインボーショッピングモール（新谷・長谷川・上野）
http://rainbow.oct-kun.net/

アナログ
〈銀行振込の体験、重要事項の確認〉
　銀行振込の疑似体験は、紙の振込用紙に記入して、おもちゃのお金を使って支払わせ、電子決済に比べ、手間がかかることを実感させた。また、ネットショップを選ぶポイントを考えたり、利用時の重要な点を確認したりできるワークシートを用意し、画面を見ながら、紙のワークシートに記入させて知識を定着させた。

疑似クレジットカードで支払をする画面　　購入確認画面を見ながら、ワークシートに記入する様子

ICT活用のねらい

　ネットショッピングの疑似体験サイトを利用させることで、生徒の興味関心を高めることができた。また、特定商取引法等の知識を活用して、利用する店舗を選択する課題では、選択に際し、確認すべきポイントを理解させることができた。また、疑似クレジットカードを用いて、体験サイトの中で購入する疑似体験をさせ、非常に便利な購入方法である一方で、利用規約をしっかりと読んだ上で契約しなければならないことを実感させることができた。

ICTを活用したアクティブ・ラーニング

　消費生活の単元は、家庭科の他の分野に比べ、実習題材が少なく、座学中心になってしまいがちであるが、疑似体験をさせながら、学ばせることができた。
　また、本授業は中学3年生の1月に行った授業である。本来は、高校生で学習する発展的内容であるが、近年、中学生もネットショッピングを利用していることから、中学卒業までにネットショッピングを疑似体験させることで、実際の生活の中でトラブルにあうことを防止する授業ができた。

他教科にも活かせる活用ポイント

　実際に体験をさせられない題材では、疑似体験教材を活用して、学習させることは有効である。

実践8　穴埋め活動による繰り返し指導での文法の定着

〈中学1年・英語〉
単　元：「My Project 2 ～人を紹介しよう～」
実践者：茨木雅幸

授業目標
今までの表現を理解し、自分の好きな人をスピーチ形式で表現しよう。

授業概要
スピーチをするための原稿を作り、何度も個人で練習する。難しい表現は全体でAC Flipを使って練習する。次にグループでお互いに発表して、最後に電子黒板を使って全体発表する。

デジタル教材とアナログ教材の使い分け・組み合わせ

デジタル	〈難しい表現を習得するための時間を生み出す〉 　アプリ「AC Flip」を使うことで、英文で自分が意図したところを穴埋めにできる。また板書をする時間の短縮につながり、そのぶん文法を理解する時間に充てることができる。
アナログ	〈相互評価を入れたスピーチ練習〉 　協働学習でスピーチ練習を重ね、スピーチの約束事を意識させながら1人1人スピーチをし、互いの良いところを紙に書かせ、相互評価をさせた。

ICT活用のねらい

英語の授業は言葉を体得することが目的の1つである。文法の学習場面で、

ペアになって録画しながらスピーチ練習　　電子黒板を使って文法や発音を確認

　日本語で説明する時間を減らして、英語を使える時間を多くとることを考えながら授業を行っている。ICTを活用することで説明時間の短縮が図れ、英語を使う練習の時間が確保される。

ICTを活用したアクティブ・ラーニング

　本授業は、中学１年生の12月に行った授業である。本単元のねらいは自分の好きな人（友だち、歌手、芸能人など）をみんなに英語で表現することである。電子黒板にその人の写真を映してスピーチをする時間をとった。ここで使われる文法（３人称単数現在、代名詞）やスピーチをする上での重要な表現を繰り返し練習した。またスピーチをするためのルール（視線は前、ジェスチャー、大きな声、暗唱の４点）を意識するように指導し、この「４点＋聞く姿勢」で評価することを伝えた。

　練習するときには「個人⇒ペア⇒グループ」と段階的に練習をさせた。何回も個人練習をさせ自信をつけさせてからスピーチを行わせた。スピーチの評価は、自己評価に加えて、互いに良いところを見つけ合う相互評価を行うようにした。

他教科にも活かせる活用ポイント

　プリントで音読練習をすると視線は下を向いたままになって、声が出にくいが、電子黒板に映して練習をすることで視線が前を向いて大きな声で練習をすることができる。前を見て発声させたい場面でICTを活用すると有効である。

実践9　音と波形を動画で記録──前時、本時、次時と学びをつなげるICT機器の活用

〈中学1年・理科〉
単　元：「音」
実践者：楠本　誠

授業目標
　音の大きさは物体の振動の振幅に、音の高さは振動数に関係していることを、実験を通して見いだす。

授業概要
　モノコードの弦を弾く強さによって音の大きさは変化し、弦の長さや弦の張り具合によって音の高さは変化する。生徒用タブレットで動画を記録させ、オシロスコープのアプリで波形を記録させる。これらの音や波形を見たり聞いたりしながら比較する中で、音の大きさは振動の振幅に、音の高さは振動数に関係していることを見いだす。

デジタル教材とアナログ教材の使い分け・組み合わせ

デジタル　〈目に見えにくい事象の観察〉
　実験、観察ではカメラ機能を活用して色、音、事象の発生の瞬間の様子などを残す。これを何度も視聴しながら考察する。また、音声波形を記録させることで、見えにくい変化の中にある科学的根拠を見いださせ、より深い考察につなげることができる。

アナログ　〈実感を伴った理解〉
　実物を使って、自分の手で、弦を弾く強さを変えたり、弦の張りの強さや弦の途中に挟む木片の位置を変えたりしながら、音の大きさや高さとの関係を考えることは、実感を持って理解するためには重要である。

ICT活用のねらい

生徒は「音」を残すことで文字情報でない情報を得ることができる。理科では音だけでなく、色、動きなどの変化や瞬間的に変化するものなどを扱うことが多い。これらを動画として残すことで、後からゆっくり再生したり、拡大したりすることで、見逃しがちな変化の様子を見ることができる。また、実験の様子を記録した動画を視聴することで、学びが想起しやすくなる。

また、これまでオシロスコープは高価であり、台数は限られていた。1人1人が自分のオシロスコープのアプリを活用することで、容易に実験や分析を行えることができるようになった。

弦の動きと音を動画で記録している様子

ICTを活用したアクティブ・ラーニング

アクティブ・ラーニングは単に学習形態を指すものでなく、生徒が学びをつなげたり、学びをつなげようとしたりする学習であると考える。例えば、生徒が前時の学びをふり返るために学習履歴を活用する。これまでは前時のノートを見ることで既習事項を想起させることが多かった。タブレットに記録した学習履歴は、文字情報だけでなく、音や色などの情報も閲覧できるようになった。生徒は前時の「わかったこと」や「わからなかったこと」が想起できることで、学びをつなげることができる。

他教科にも活かせる活用ポイント

実験や観察の様子を撮影した動画、グループで話し合った結果をまとめたホワイトボード、板書等の写真を家庭での復習の際に参照して、学習する生徒もいる。学校の授業と家庭学習を結びつける活用は教科に関係なくできる。

実践10　難しい内容でのドリル教材の活用

〈中学3年・社会（公民分野）〉
単　元：「国会」
実践者：服部　茂

授業目標
　ドリル学習による反復学習を重ね、各自の課題を克服し、国会のしくみについて理解する。

授業概要
　授業の最初に前時の内容に即した問題をタブレットによるドリル学習で復習する。個人のペースで難易度を上げながら課題に取り組む。定着の度合いを教師側が把握し、本時の国会と政治についての学習を進めていく。

デジタル教材とアナログ教材の使い分け・組み合わせ

デジタル

〈ドリル教材を活用した反復学習〉
　ドリル教材（ラインズeライブラリアドバンス）を活用して反復練習をすることにより、学習内容の定着を図ることができ、学習をふり返ることもできる。また、個々の学習状態に応じた難度の問題が出題される機能によって、すべての生徒が有効な時間の使い方ができるようにした。

アナログ

〈問題集での学習内容の定着〉
　従来通りの筆記による練習問題の取組も合わせて使うことで、記述式の問題への対応力も育成できる。

注意する問題については電子黒板で解説　　　個人のペースで問題を解く

ICT活用のねらい

　公民の国会・内閣・裁判所の内容は、生徒にとっては難しい内容というイメージがある。これらの内容の知識を定着させるために、タブレットを使用し、授業開始から15分程度の学習時間をとって学習させた。問題を解く速さには個人差があるため、「基本・標準」の問題は全員が取り組むこととし、早くできた生徒には「挑戦」の問題に取り組ませることで、すべての生徒が自分のレベルに合った学習ができるようにした。生徒の取り組んだ成果は正答率という形で教員側のタブレットに表示でき、それによって個々の生徒の学習状況を把握し、さらに授業での指導に活かすこともできた。

ICTを活用したアクティブ・ラーニング

　前時までの学習がどれだけ理解できているかを自分自身で把握するように助言をし、ドリル教材に取り組ませた。

他教科にも活かせる活用ポイント

　自分自身の学力を把握するために取り組むことを説明して、デジタルのドリル教材を活用すると、より効果的に活用できる。

実践11 生活単元学習におけるICT機器の利用

〈特別支援学級2年・生活単元学習〉
単　元：「電車に乗ろう」
実践者：出江知恵

授業目標
　運賃表や時刻表などを使って、自分の行き先に合った切符や乗車時間を確認できる。

授業概要
　タブレットやプリントを使えば、運賃表や時刻表を簡単に確認できる。その後、大きい画面に映して実際の駅に近い形で練習をすることで電車に乗るために必要な手順を理解させ、それを定着させる。また、駅員さんに質問する練習もする。

デジタル教材とアナログ教材の使い分け・組み合わせ

デジタル	〈デジタル写真を活用した疑似体験〉 　駅の券売機や時刻表などの写真をタブレットで確認させる。電車に乗るまでの手順を練習する場面では、電子黒板の大画面に駅の写真を表示して、練習させる。
アナログ	〈紙や時計での繰り返し練習による定着〉 　何度も練習する必要があるものについては、プリントや時計を使う。

ICT活用のねらい

　日頃利用している実際の駅の写真を使うことで、学習することの必要性や有用性を感じることができるため、授業への取組方が意欲的になる。シミュ

レーションではリアルな感じがより出るため、戸惑うことなく実際の体験につなげることができる。

また、1クラスの生徒数が増えており、実際の体験を多く積ませ

プリントを使い乗車時刻の確認をする

ることや個に応じた対応をすることが難しい。しかし、ICTを使うことにより個々の生徒に応じた学習を行い、それぞれに力をつけることができる。

ICTを活用したアクティブ・ラーニング

複数で授業をする場合には、個人間でも個人内でも力の差がある。その部分をフォローしようとすると、簡単にできる部分ではタブレットを使って進め、練習が必要な部分ではプリントなどを使うことが有効である。それによって、個人間、個人内の差に対応した学習活動ができた。

他教科にも活かせる活用ポイント

写真の一部を拡大をすることでイメージをつかませたり、見るポイントの確認させたり、見方の指導をしたりすることができる。実際の写真を使ってシミュレーションができるため、より実際に近い形で事前学習をすることができる。

第5章 3 協働学習の場面での活用

実践 1　強い構造の特徴を見いだす

〈中学1年・技術・家庭（技術分野）〉
単　元：「構造と強度」
実践者：青木智美

授業目標

　原形の構造やよく似た構造の壊れる寸前の様子を比較し、強い構造の特徴を理解する。

授業概要

　原形の構造と強い構造の壊れる寸前の様子を観察して強い構造を考え、少人数の班で話し合い、発表させる。構造の内部に発生する力について知り、その力の方向によって、補強の仕方が変わることを理解する。

デジタル教材とアナログ教材の使い分け・組み合わせ

デジタル	〈破壊寸前の写真の分析〉 　実験の様子を静止画で記録させ、構造の変化の過程や構造の変形の違いを比較する。それをもとに、強い構造の特徴に気づかせることができる。
アナログ	〈模型製作による確認・作品製作〉 　強度実験の画像を見た後、実際に木材を使って工作させ、強い構造についての実験と考察を行わせる。それにより、その後の踏み台の製作につなげていく。

ICT活用のねらい

構造物の変化の様子を静止画で撮影し、真上からの力に対する補強をした

実験の写真データを見て考察 　　　　強い構造について班の考えを発表

　強い構造、補強はしたが真上からの力には十分な補強になっていない構造、それと補強をしていない構造を比較させた。そして、「上の棒が曲がると弱い」「弱い構造は上からの力がうまく床に伝わっていない」「強い構造は斜めの材料に力が伝わっているが、弱い構造はそうでない」といった気づきから、共通点や相違点を考えさせた。実験の静止画を考察したり、書き込みなどの加工をしたりすることで、強い構造の特長についてより深く考えることが可能となった。このように、実験の様子を比較できるという点が、ICT機器の活用になると考える。

ICTを活用したアクティブ・ラーニング

　本授業は、丈夫な踏み台の製作をすることを目標にした、人が乗っても壊れない構造を考える授業である。生徒は、踏み台の模型に生活体験から類推した補強を施して強度実験を行った。そして、天板の中央から垂直方向に力を加えた時の変形の様子を撮影し、強い構造とそうでない構造の変形の違いに着目した考察をさせ、強い構造の特長について理解させた。

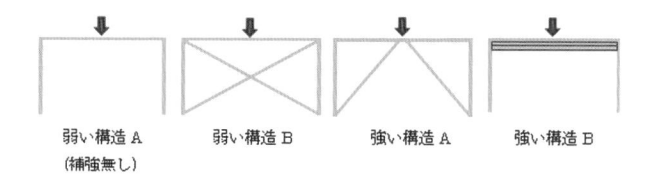

弱い構造A　　弱い構造B　　強い構造A　　強い構造B
(補強無し)

他教科にも活かせる活用ポイント

　生徒に静止画で撮影させたり、動画の一場面を切り取らせたりすることにより、着目点を明確にすることができる。

第5章 ③ 協働学習の場面での活用

実践2　資料の比較・検討から食べ物による動物の体のつくりの違いを知る

〈中学2年・理科〉
単　元：「動物の体のつくりと働き」
実践者：永井秀治

授業目標
動物の体のつくりの違いをまとめ、グループ分けできる。

授業概要
班で2台のタブレットを使い、1台には肉食動物の体、1台には草食動物の体を表示し、違いを比較させた。班ごとに異なる資料を使い、クロストークによって気づきを交流させ、最後は電子黒板で全体交流をした。

デジタル教材とアナログ教材の使い分け・組み合わせ

デジタル	〈カラー写真の観察、分析〉 グループごとに異なるカラーの資料写真（全18種類）を送付し、グループで観察、分析をさせる。
アナログ	〈気づいたことの言語化〉 気づいたことは、ワークシートに記入させ、資料を見て気づいたことを相手に自分の言葉で説明をさせた。

ICT活用のねらい

4人班に2台準備したタブレットの一方には草食動物の資料を、もう一方には肉食動物のカラーの資料写真を、9班を3班ずつに分けたグループのそれぞれに骨格、頭、足の資料を配信し、資料を見比べながら気づいたことを

異なるデータを送信し比較する 　　ジグソー学習で気づきを送信

ワークシートに記入させた。つまり、カラー写真を３種類（骨格、頭、足）×２種類（肉食、草食）×３グループ分の18種類のカラー写真を配付した。カラー資料を紙で配付することは費用面から事実上不可能であるが、デジタルデータであれば費用がかからず、配付可能である。

　各班で気づきをまとめた後、タブレットを持っている２名は他班から来た生徒に自分たちの班の気づきを説明する係、持っていない２名は自分の班の担当ではない資料を持っている班（例えば、骨格班なら頭班と足班に分かれる）の説明を聞く係として、ジグソーメソッドによる活動をさせた。

　説明を聞いたら自分の班に戻り、聞いてきた他班の気づきを説明させた。タブレットにはすべての資料が入っているので、他班の説明のときはその班の写真資料を用意させた。

ICTを活用したアクティブ・ラーニング

　動物の体のつくりを学習するため、草食動物と肉食動物の骨格のつくり、目の位置、足のつくりを紹介した。生徒には４人班を９班作らせ、各班に２台のタブレットを準備させた。さらに、９班を３班ずつに分け、それぞれに骨格、頭、足の資料を配付し、検討させた。その後、自分たちの気づきを説明する、他班の気づきを聞きに行く時間をつくり、全体でまとめを行った。

他教科にも活かせる活用ポイント

　生徒用タブレットに複数種類のカラーの資料写真を送ることで、生徒が比較検討することができる。また、注目させたい部分を拡大させ、違いを比較検討させる学習活動が容易になる。

実践 3　音の可視化で、知的好奇心をくすぐり、学びを促進

〈中学1年・理科〉
単　元：「音の性質」
実践者：廣瀬有一

授業目標
オシロスコープによる音の可視化を行い、音の大小や高低と、振幅や振動数の関係について考える。

授業概要
4種類の音を聞いて音の大小、高低について考え、意見交流する。次にオシロスコープでそれらの音を可視化し、波形の違いから音の違いの特徴について考えを出し合う。班の考えを全体共有した後、レポートにまとめる。

デジタル教材とアナログ教材の使い分け・組み合わせ

デジタル	〈音の可視化と観察〉 オシロスコープアプリ「e-scope3in1」と、協働支援アプリ「ロイロノートschool」の活用により音の可視化と比較検討を可能にした。比較活動をすることにより、思考も深化させることができた。
アナログ	〈転記による波形の特徴の理解〉 波形の特徴を理解させるために、タブレットの画面に表示された紙のワークブックに転記させた。また、一斉学習の場面では、黒板にチョークで波形を書き、説明をした。

ヘッドフォンを使って音を聞く

ICT活用のねらい

　いくつかの音を記録し、音の特徴に言及する際に、視覚化したものを共有し、協働学習で意見の交流を行った。これまでの授業との違いは、オシロスコープを1人1台持てることと、他者との比較を視覚的に行えることである。他者との差異を見ることで客観的に自己を評価し、同時に相互評価を促進し、建設的な意見交流を行える。授業内の活用はもちろんだが、家庭での活用・自由研究での活用にまで活用場面が広がった。ある生徒は、小学生の弟と家庭の音探しを行い、ある生徒は自由研究に活用し、それをデジタル資料としてまとめた。

ICTを活用したアクティブ・ラーニング

　本授業は、中学1年生の11月に行った授業である。中学校入学後、初めて「目に見えないもの」を扱う分野であるため、様々な音源を準備し、自分の耳で「聞く」ことから授業を始めた。次に、オシロスコープによって可視化を行い、「見える」データを用いて観察を行った。その後、オシロスコープのデータは画像ファイルとして送信させ、電子黒板に表示し、学級全体で比較、検討を行った。
　「聞く」「見る」という2つの側面から音に対してアプローチをすることで、音への知的好奇心を持たせ、もっと知りたい、調べたいという意欲を向上させた。また、話し合いを活性化させるためにも効果的であった。

他教科にも活かせる活用ポイント

　目に見えない現象を可視化し、学習意欲を高め、現象の実験・比較・考察までを行うことに、ICTの活用は有効である。

第5章 ③ 協働学習の場面での活用

実践 4　カラー資料についての気づきや考えを共有・発表・文章化する単元を貫く言語活動

〈中学3年・国語〉
単　元：「推敲して、文章を書こう」
実践者：豊田多希子

授業目標
　ロゴマークの工夫について意見交換し、考えをわかりやすく説明し、文章にまとめる。

授業概要
　どのような工夫が見られるか個人で考える。タブレットを使ってグループで意見交換し、さらに考えを深め、電子黒板を使って発表し、最後は全員がロゴマークについての気づきや考えを文章にまとめる。

デジタル教材とアナログ教材の使い分け・組み合わせ

デジタル	〈ロゴマークのカラー資料の観察と考察〉 　カラー資料を各自のタブレットに送信し、拡大表示ができることで、その特長を考えやすくなる。 　また、電子黒板を使っての意見発表もできる。
アナログ	〈気づきのメモと文書作成〉 　個人で気づいたことをプリントに記入し、協働学習の場面で班で共有し、学びを深める。最後に自分の考えを文章で綴ることで、単元を貫く言語活動が可能となる。

ICT活用のねらい

①カラーのデジタル写真を生徒1人1人に配付することで、生徒は図を拡大

班の考えを電子黒板に書き込みをしながら発表 　　iTunesUで各自のロゴマークを配信

して観察することができるようになった。また、言葉だけでは説明しきれないことを、図に書き込み、わかりやすく相手に伝えることができる。
②カラー資料を分析させることで、色に込められた工夫にまで気づかせることができる。班の仲間に自分の意見を伝える際にも、タブレットを相手に見せながら、着目した箇所を拡大して描かれている物に込められたメッセージや工夫点などを説明しあう活動が生まれ、自分が伝えたいポイントを明確に示して説明することができるようになる。

ICTを活用したアクティブ・ラーニング

　三重県の観光キャンペーンロゴマークを見て、自分が考えたことを相手に伝える文章を書く取り組みをした。文章を書くのが苦手な生徒に配慮をして、最初は個人思考で気づいたことをいくつか挙げ、それをタブレットで提示しながら協働学習班の3人の班員に説明するという活動をさせた。さらに、班としてどんな発見をしたかを電子黒板に提示しながら全体に説明させた。最後に、これらの学習をふまえて、自分の考えを原稿用紙にまとめさせ、文章の推敲の仕方を学ばせた。それによって、文章を書くのが苦手な生徒が短時間で文章を書き上げ、喜んで教師に見せにくるという状況をつくれた。

他教科にも活かせる活用ポイント

　カラーのデジタル資料を生徒用タブレットに配付することで、情報量の多い資料を活用することができる。また、拡大して観察するよう促すことで、詳細な観察と考察をさせることができる。

第5章 ③ 協働学習の場面での活用

実践5　個人思考とグループ思考で練り上げた群読

〈中学3年・国語〉
単　元：「扇の的 ——『平家物語』から」
実践者：豊田多希子

授業目標
　登場人物の心情が伝わるような読み方を工夫して、群読の台本を作成し、効果的な群読ができる。

授業概要
　読み方の工夫点を個人でタブレットを使って考えた後、少人数班になってどこをどんな風に読むといいかを考えさせる。出された意見はホワイトボードに書いて練り上げ、台本を完成させる。そして群読発表を行う。

デジタル教材とアナログ教材の使い分け・組み合わせ

デジタル	〈思考過程の保存による思考の深化〉 　何度も書き直すことが容易であり、また、その思考過程を保存できるというタブレットの利点を使って、個人の思考を書き込みながら、思考を深めることができる。
アナログ	〈話し合いの深化〉 　グループ思考の段階ではICT機器は使わず、アナログのツールを使って１枚の用紙に視線や意識を集中させることで、話し合いが深まる。

ICT活用のねらい

①群読は班で行うが、最初は個人で考える時間を作った。タブレットの利点

2つのツールを使って群読発表　　　　ツールを使い分けて班で話し合い

の1つが一度書いた文字や線を簡単に修正できることであり、それを活かしてペン機能や付箋機能を使い、考えを書き込ませた。線を書いたり付箋に記入したり、2人で読む部分は2色の線を引くなどの工夫も見られた。生徒用デジタル教科書の音読機能を使いながら試行錯誤する姿も見られた。
②思考過程の記録を取らせることで、前段階の内容を見直し考え直させる。

ICTを活用したアクティブ・ラーニング

　群読発表をするために効果的な読み方について、まずは個人で考えさせ、タブレットに線を引かせたり、書き込みをさせたりして、生徒1人1人に自分の考えをまとめさせた。
　次に、協働学習班で個人の考えを交換し合い、群読するための話し合いをさせた。その場面の様子や登場人物の心情を表現するために効果的な読み方について、互いに学び合う姿勢が見られた。SAILOR社製の「どこでもSheet」に話し合いの経過やまとまった意見などを書き込ませた。それを踏まえて、再び個人のタブレットに班での読み方や役割などを記入させて仕上げた台本を使い、群読発表を行った。

他教科にも活かせる活用ポイント

　生徒全員に、自分の思考過程をふり返れるように、タブレットに書き込んだ手書きやタイプしたテキストをその都度、スクリーンショットとして保存させた。それによって、自分の思考の変化を可視化でき、より深く考えられるようになった。

実践6　効果的な古文の音読

〈中学2年・国語〉
単　元：「扇の的 ──『平家物語』から」
実践者：豊田多希子

授業目標
「扇の的」の原文を聞き、音読機能を使いながら古文を読み慣れ、作品を読み味わう。

授業概要
音読機能を使って古文独特の言い回しを聞き取り、読み練習を行う。次にペン機能を使って現代仮名遣いを消して、正しく古文が読めるよう反復練習をする。ペア練習ではツールを使い分け、基礎の定着を図る。

デジタル教材とアナログ教材の使い分け・組み合わせ

デジタル	〈工夫した古文の音読〉 デジタル教科書の現代仮名遣いを消した状態で読ませることで、古文の読み方を定着させることができる。本文に線を引かせたり書き込ませたりすることで、工夫した効果的な読み方をさせられる。
アナログ	〈現代仮名遣いの確認〉 現代仮名遣いを消したデジタルの画面で練習しながら、読み方がわからなくなったときには紙の教科書の記載と比較しながら学ばせる。

ペン機能を使って個人で思考する　　　　ペアになって音読練習

ICT活用のねらい

①ペン機能を使って、デジタル教科書の本文の横に記載されている現代仮名遣いを白色で消させる。最初の段階では仮名遣いを直すべき文字に赤色のチェックも書き入れさせる。そして、正しく古文を読めるよう、音読の反復練習をさせた。

②次に、ペアになって音読練習を行わせた。読む側はデジタル教科書本文の現代仮名遣いを消した画面で読み、聞く側は紙の教科書を見ながら聞き、間違いをチェックすることで、互いの基礎力の定着を図らせた。

ICTを活用したアクティブ・ラーニング

　個人での音読練習の後、4人班で群読をさせた。群読の台本作りでは、登場人物の心情が伝わるような読み方をするには、どんな役を設定し、どんな風に読むかを考えさせた。線を書いたり消したりしながら試行錯誤を行わせ、2人で読む部分は2色の線を引く工夫をする生徒も見られた。

　協働学習の場面では、4人班で自分のタブレットを見せ合いながら話し合いを進めさせた。意見がまとまった段階で、自分のタブレットに担当する部分の印や読み方の工夫を書き込んだりして、台本を作るように指示した。最初の自分の考えと比較しながら、音読の工夫をし、学級で群読を発表させ、作品の理解も深めさせることができた。

他教科にも活かせる活用ポイント

　ヒントになる情報を消して読む練習をさせることで、効果的に学習できる。

第5章　生徒の活動場面別のポイント〈28実践〉

127

第5章 ❸ 協働学習の場面での活用

実践7 登場人物に対する思いを、根拠を明確にして表現する

〈中学2年・国語〉
単　元：「走れメロス」
実践者：坂口友視

授業目標
　本文を根拠に主人公の心情を読み取り、主人公の変化に気づくことができる。

授業概要
　根拠となる描写に線を引き主人公の心情を読み取る。場面ごとで考えを共有し、再考する。異なる場面の担当者同士が話し合い、主人公の心の葛藤や心情の変化・成長を捉え、自分と比較しながら、考えを深める。

デジタル教材とアナログ教材の使い分け・組み合わせ

デジタル	〈意見と根拠の明確化と共有〉 　教科書本文の自分の意見の根拠となる箇所をマークさせ、それに意見を添えた画面を送信させることで、全員の意見を簡単に共有できるようにした。
アナログ	〈根拠を示して、論理的に話す〉 　自分の考えの根拠を示しながら、口頭で、論理的に表現させた。

ICT活用のねらい

①グループ学習で自分とは異なる意見の根拠を聞き、納得すれば自分のタブレットに追加させていくことで、他の意見やその根拠に対する自分の意見

タブレットを見せ合いながら互いの考えを交流　読み取れた主人公の心情を自分の言葉でまとめる

を意識させることができた。
② グループでの意見集約には、代表者のタブレットに個人の意見を送信することで効率化を図った。そのため、全体への発表資料を作成する際に、話し合いで発見できた新しい所見を追加で書き込む時間の確保ができた。
③ 長い物語であるが、場面ごとに分けて本文をタブレットに読み込み、閲覧させることで、興味を持続させることができた。

ICTを活用したアクティブ・ラーニング

　本授業は、中学2年生の2月から行った授業である。クラスの交流が深まった環境を活かして、主人公や他の登場人物の心情を読み取るだけでなく、それぞれの人物に対してどんな思いや感情を抱いたか話し合わせることによって、それぞれの考え方の違いや固有の価値観に気づかせることができる。
　前時での学習「意見文を書こう」を活かし、本文に根拠となる箇所をマークさせ、それを明確に示すことで、自分の考え方に説得力を持たせて他人に伝えさせた。根拠となる部分をマークさせることで、本文から逸れないようにした。また、示された根拠を手がかりにすることや、自分とは異なる考えを理解しようとすることができる。

他教科にも活かせる活用ポイント

　意見を発表する場面で根拠となる事柄をデジタルデータで共有させることで、説得力のある説明をさせることが容易になると同時に、生徒がお互いの考えを理解しやすくなる。

第5章 3 協働学習の場面での活用

実践8　ICTを活用したグループ思考による英作文

〈中学2年・英語〉
単　元：「Making Stories of "Momotaro"」
実践者：谷　和音

授業目標
　文と文のつながりを考えながら、絵の状況に合った英語の文章を書くことができる。

授業概要
　電子黒板を使って全体で課題共有した後、個人思考でXBを使い絵にふさわしい英文を考える。それをグループで共有し英文を精選したり、必要な箇所は修正したりする。それをもとにE-REPORTで物語を完成させ発表した。

デジタル教材とアナログ教材の使い分け・組み合わせ

デジタル	〈分担作業による英作文〉 　「桃太郎」を3つの場面に分け、それぞれの場面にふさわしい英文を班の4人で分担して作成させた後、グループ内で共有させ、物語全体の英文を完成させた。
アナログ	〈板書による足場がけ、スピーチ発表〉 　黒板には、英作文をする際のヒントとなる板書をし、生徒が困った時には黒板を見れば良いようにした。できあがった物語を他のグループの生徒と発表し合い、物語のあらすじや工夫点、良かった点などの意見を交流させた。

場面にふさわしい英文を班で作成　　ALTのアドバイスを受け、作品を仕上げる

ICT活用のねらい

　個人思考からグループ思考への進行をスムーズに行うためにタブレット（アプリ『XB』）を活用した。グループで意見交流する際に、自分のタブレットの画面に他のメンバーの英文が映し出されるため、グループでの話し合い（意見のグルーピングや精選）が行いやすかった。

　また、完成した物語を、発表するツールとしてもタブレット（アプリ『E-REPORT』）を活用した。発表者は聞き手にタブレットを見せながら、紙芝居の読み聞かせをするように発表させた。

ICTを活用したアクティブ・ラーニング

　本授業は、中学２年生の11月に行った授業である。生徒になじみのある昔話を３つの場面に分けて、それぞれの場面に合う英文を考え、精選・推敲しながら物語を作っていく。ICTを活用したことにより、全員が英作文をし、それを班で共有して、協力し合いながら、物語を完成させることができた。物語を英文で書くことは中学生には難度が高いが、「私もそれ書いた！」「それおもしろい！」という言葉が生徒たちの口から出て、意欲的に学習する姿が見られた。また、その物語をスピーチする活動も行うことができた。

他教科にも活かせる活用ポイント

　個人思考の後、個々が考えたことを情報共有させ、グループ思考で活動することで、子どもたちの表現に幅が出る。

実践9 グループ学習を通して、難しい問題にチャレンジ

〈中学1年・数学〉
単　元：「円とおうぎ形」
実践者：山﨑　瞳

授業目標
　図中の円やおうぎ形を見つけ、多様な考え方で正しく面積を求める。

授業概要
　前時の復習の後、面積を求める3つの問題を難易度の低いものから順にタブレットに配信する。少人数グループで、ヒントをもとに様々な解き方を考え、配信された図形に補助線などを書き込み、考えを発表した。

デジタル教材とアナログ教材の使い分け・組み合わせ

デジタル	〈試行錯誤をさせ思考力を高める〉 　問題をタブレットに配信し、デジタルの良さを活かし、書いたり、消したりしながら試行錯誤させる。その後、書き入れた解答を教師に送信させ、学級全体で共有する。
アナログ	〈多様な考え方を学び合う〉 　グループで頭を寄せ合いながら、一緒に教え合い・学び合う中から、自ら問題に取り組もうとする姿勢を育む。

ICT活用のねらい

　難しい問題を自分たちの力で解くことができるように、生徒1人1人のタブレットに、3つの問題と1つのヒントを4回に分けて配信した。3問目は

配信された問題を班で考える　　班で考えた解き方を全体共有

一番難しい問題であるが、2問目の解き方を使うと解くことができるように問題を構成した。ヒントがない3問目への取り組みでは、様々な方法で解こうとする姿が見られた。

全体での確認や共有のために、発表は電子黒板を使って行った。

ICTを活用したアクティブ・ラーニング

1問目は簡単な問題であるため、生徒全員の解答画面を電子黒板に映し、全員の生徒が問題を解けたという喜びを感じさせた。2問目以降は、生徒が補助線や式が書かれた画面を示しながら、他のグループの生徒にもわかりやすく説明させた。また、複数のグループに発表させることで、生徒は自分たちの解答と比較しながら、説明を聞き、学び合う様子が見られた。

他教科にも活かせる活用ポイント

スモールステップで問題を配信し、生徒の様子を見ながらヒントを配信することが時間的なロスなくできるため、生徒の学習時間を確保できる。グループ学習で導いた解答を電子黒板に写し発表させることで、他のグループにも理解を広げることができた。また、それぞれが、解答を比べることで、多様な考え方を学び合う場面をつくることができた。

実践10 班で動画を撮影、確認して聴き手を意識したスピーチ方法を習得する

〈中学1年・英語〉
単　元:「PROGRAM8 Origami Section1」
実践者:熊田和也

授業目標
助動詞「can」を使って伝えたい内容を正しく表現し、聴き手を意識したスピーチができるようになる。

授業概要
　前時に個人で考えたスピーチ原稿を班で確認し、ペアになってスピーチの様子を互いに撮影し合う。録画したものを視聴して改善点を話し合い、2回目の撮影をする。4人でスピーチを視聴し合い、工夫したポイントを押さえながら、全体共有につなげる。

デジタル教材とアナログ教材の使い分け・組み合わせ

デジタル　〈学習内容の意義の理解とスピーチ練習の質の向上〉
　強弱をつけて、発音することの重要性を理解させるために、強く読んでいる単語だけを表示した教師用デジタル教科書の画面を示し、重要な単語を強く発音することで、意味が伝わりやすくなることを理解させた。
　また、スピーチ練習の質を高めるために、練習の様子を録画させ、相互評価を行わせた。

アナログ　〈スピーチ練習のポイントを認識させる〉
　スピーチをするための英文の原稿は、本文を印刷したプリントに強弱や緩急をつけるポイントなどを手書きで記入させた。

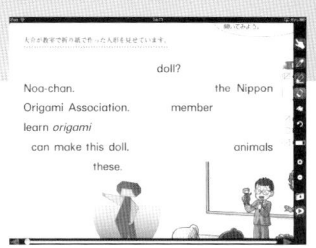

教師用デジタル教科書の画面 　　目線をあげてスピーチできる　　全体でスピーチのポイントを
　　　　　　　　　　　　　　ように工夫　　　　　　　　　　共有し合う

ICT活用のねらい

　英語でスピーチをする際に、強弱をつけて読むと伝わりやすくなることを理解させるために、教師用デジタル教科書の本文の、ネイティブスピーカーが強く発音する単語以外を白色で塗りつぶして消した画面を示した。
　スピーチの様子を相互に録画させ、自分の工夫したスピーチと他の生徒のスピーチ動画を比較することで、自分のスピーチの改善点に気づかせた。

ICTを活用したアクティブ・ラーニング

　まず教科書の本文の内容を確認した。その後デジタル教科書を用いて、相手に内容を伝えるためにはどの単語が最低限必要なのかを考えた。必要な単語以外を消して、残った単語を強調して読む練習をした。
　次にスピーチ練習のための原稿作りをさせた。先に残した単語を中心に、相手に伝えるための効果的な方法を考え、メモを記入させた。例えば、「この単語を強く読む」や「ここをゆっくり読んでみる」などである。
　そしてペアでまず1人目のスピーチを撮影、評価を行わせ、原稿を再考した後、2人目のスピーチを行わせた。

他教科にも活かせる活用ポイント

　デジタル教科書の書き込む機能を使い、教科書本文の一部を隠すことで、生徒に思考させることができる。タブレットは容易に動画を撮影・確認することができるため、自分もしくは複数で自己表現を確認することができる。観察と思考を重ねさせ、表現力を磨くためのICT活用は有効である。

第5章 ③ 協働学習の場面での活用

実践11 「ダンス」の中間発表会で動きの確認をする

〈中学2年・保健体育〉
単　元：「ダンス」
実践者：田中みはる

授業目標
中間発表会で各班の演技を交流し合い、自分達の班の改善に活かす。

授業概要
各班で練習した後、見てほしいポイントや特徴を述べてからダンスをする。すべての班の発表をタブレットで動画撮影し、他の班の工夫点や表現の良さを意見交換し合う。そのアドバイスを取り入れてさらに練習を重ねる。

デジタル教材とアナログ教材の使い分け・組み合わせ

デジタル	〈課題の達成状況を客観的に捉えさせる〉 中間発表会の様子を撮影、閲覧し合うことで、課題の達成状況を客観的に捉えたり、他の班の演技から学んだりして、今後の改善につなげることができる。
アナログ	〈話し合いによる改善と練習活動〉 ダンス発表に向け、タブレットを活用しながら、班での改善のための話し合いや練習活動をさせた。

ICT活用のねらい

保健体育の体育分野は実技を中心とする分野である。個人やペアでタブレットを活用させ、改善点を考えた練習をさせることで、技能や記録の向上が

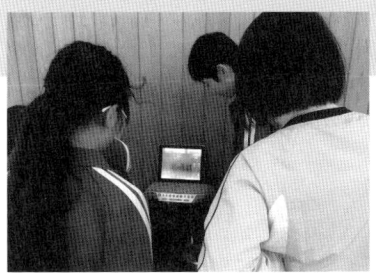

自分達の動きを確認しながら練習する　　他の班の発表を撮影して参考資料とする

期待できる。ダンスでは技能の向上や改善だけでなく学習成果の共有の広がりもねらいとした。

　動きづくりの前に、昨年のダンス映像を見せた。協力し合い、多様な動きや表現方法を工夫している上級生の姿である。その後、参考映像をさがし、動きづくりをしていく中で練習形態を工夫させ、タブレットの使用方法や台数も考えさせた。

　中間発表会を撮影、閲覧し合い他の班と交流することで感想を共有し、改善への意欲につなげた。最終発表会は学年全体で行い、三者懇談会の際に、保護者に映像を見せ、活動の様子を共有した。

　上級生から下級生へ、班から学年へ、学年から保護者へと学習成果の共有が広がった。

ICTを活用したアクティブ・ラーニング

　本単元は男女混合の生活班で活動する。自分たちの動きづくりや確認のためタブレットを使用し、各班で参考映像を見ながら動きづくりを進め、撮り合いながら教え合い、課題を見つけて改善していくように指導した。また、単元途中で中間発表会を設定することにより、良い緊張感を保てる。他の班との交流を通してそれぞれの良さを認め合い、自分たちのダンスの改善に活かす活動を通じて、互いの良さをしっかりと見つめ合う仲間づくりを目指した。

他教科にも活かせる活用ポイント

　タブレットで、自分たちの動きを記録させ、ふり返らせる学習活動は非常に技能の向上に有効である。

第6章 教科の授業外での活動

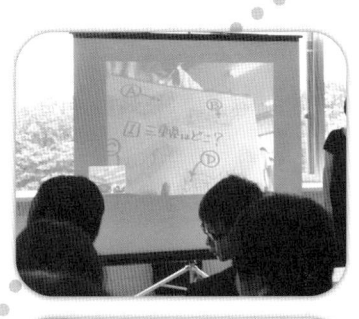

第6章 1 生徒会活動（電子投票）

　本校は前期後期の2回、生徒会選挙を行っている。このうち1回は1人1台のタブレットが整備されたことで、電子投票を行っている。これは、生徒会選挙時に、国政選挙などでも電子投票の導入についての議論が始まっていることなどを説明して、生徒に選挙制度に関心を持たせる取組となっている。

　タブレットを活用することで、これまで生徒の選挙管理委員が行ってきた投票用紙を「作成する」「印刷する」「配布する」「回収する」「集計する」作業が簡略化され、作業効率が格段に良くなり、集計結果を従来よりも速く公表することもできるようになるなど、電子投票の良さを実感させることができた。

　しかし、本校では生徒にはアナログでの選挙も体験させたいと考えているため、もう1回の選挙では松阪市選挙管理委員会から実際の投票セットをお借りし、本物の投票箱を使って生徒会選挙を行っている。このように、ICTはバランス良く活用したい。

　また、この電子投票を行うことでICT環境のネット接続チェックも行うことができた。学校に1人1台の端末が整備されて、それらが快適にネットに接続できる環境を構築したとしても、実際の教育現場では1人1台（本校の場合約450台）が同時に接続する機会はなかなかない。理論値では可能であるがどのような情報量を扱うと速度が遅くなるのかなど、具体的なイメージを持ちやすくなる。このような学校単位で活用する機会を利用してデータを収集し、ネ

ット接続のチェックを行うことも必要であろう。　　　　（楠本　誠）

第6章 ② 部活動での活かし方

　中学校では部活動も重要な教育活動の場である。タブレットは部活動での活用も期待できる。

　写真は陸上部の練習風景である。円盤投げの練習をしている生徒の様子を動画で撮影し、それを生徒と部活顧問が見合いながら、指導を行っている。

　これまで顧問は、例えば投げる場面での体重移動を説明する際に、言葉だけでは伝えにくいと感じていた。生徒も実際にその動きを指導者の動きを見て、頭でわかっても自分自身の動きと重ねられないこともあったという。しかし、タブレットを活用することで撮影動画を再生しながら、ポイントを指差したり、書き込んだりしながら指導することができるようになった。顧問も生徒に本人の動きを示しながら指導できるため、説明しやすくなったと述べている。生徒も実際に自分の動きを見て、「頭ではできていると思っていたところができてなかったので、そこを意識して練習することができるようになった」と述べている。生徒も教師も効果を実感している。

　また、動画記録を活用することで、現在と過去の自分の動作を比較することができるようになった。過去の自分との比較をする活用

はこれまでの部活動ではあまりできなかったが、タブレットが導入されたことで容易にできるようになった。

　部活動でタブレットを活用すると、教師、生徒ともに、活用メリットをすぐに感じられる。タブレットの活用をスムーズに進めるために、中学校では部活動での活用を奨励することも考えられる。

（楠本　誠）

第6章 3 防災教育での活かし方

　本校は国道を挟んで伊勢湾に面した場所に位置しており、校門には「海抜1.54m」の表示がされている。最近出された、南海トラフにおける地震の津波想定で示されたハザードマップでは津波到達が予想されている地域である。ICT環境が整備されてからは、この環境を活かした防災教育を行っている。

●避難訓練での活用

　緊急地震速報や津波警報等の情報を受信すると、すぐに各教室の電子黒板や教師用ノートパソコンに緊急メッセージが表示されるシステムが導入されている。これによって、受信された緊急情報を即座に生徒、教職員に情報伝達できる。各教室では、電子黒板に音と映像で情報を流すことで明確な指示を出せる。教室で授業を行って

いる教師にとっては、生徒への指示をするための情報を教室で確認できることは心強い。

● ネットワークの開放

　津波がこなかった場合は、体育館が地域住民の一時避難場所となる。避難場所として体育館を利用する際には、簡単な操作で、本校の無線LANのネットワークを開放し、被災した方所有のスマートフォン等でインターネットを利用できる状況を作ることが可能な設定がなされている。緊急時における学校の無線LAN環境を、避難してきた方が利用できるようにしておくことは、今後の学校のネットワーク環境の整備の際に必要となるであろう。

　教室で緊急時の情報を受け取るためには、電子黒板の電源が入っていなければならない。教員が防災のために電子黒板のスイッチを入れることが習慣となることで、学校全体でICTを活用する取組を行う準備ができることにもなる。　　　　　　　　　（楠本　誠）

第6章 4　テレビ会議による遠隔交流

　テレビ会議による遠隔交流というとどのようなイメージを持たれるだろう。

　「教室を越えて他の場所とつながるのはいいけれど、機器の設定等の準備が大変」

これがテレビ会議による遠隔交流に対する、私たちの最初イメージであった。しかし整備されたネットワークとICT環境を利用すれば、遠隔交流は容易になる。他地域との交流学習で、生徒同士をつなげることができ、より充実した学習活動にすることができる。

　本校区には、「北海道」の名付け親である地域の偉人・松浦武四郎の生家と記念館がある。これまで本校や本校区の小学校では総合的な学習の中で松浦武四郎についての学びを進めてきた。また、北海道上川郡弟子屈町の教育委員会や弟子屈中学校との交流も行っていた。松浦武四郎に関する学習を共通テーマとして、両校の学習成果を共有し合う活動にテレビ会議を活用することができた。

　また、社会科の授業で、同一テーマについて、テレビ会議を使って、沖縄の中学校の生徒と意見を交換し合う授業も実施した。このようなテレビ会議を使った遠隔交流では、当然、相手との相談・調整等、綿密な準備や計画が必要となる。しかし授業の内容についての準備や計画は、どのような授業であっても考えなくてはいけないという点では変わりはなく、日頃から生徒に考えさせ、意見を交流し合う授業を教室内で行っていれば、大きな負担はない。

　さらに本校では、機器の準備作業の負担はかなり軽減されている状況になっているため、簡単に、映像によるリアルタイムの交流を行うことが可能である。現在では、テレビ会議による遠隔交流は「機器の準備が大変」というイメージはかなり変わってきている。

　そして、行事の中でも活用した。フューチャースクール実証事業初年度のキックオフイベントでは、市長室の市長と生徒がテレビ会議で対談をした。文化祭のときには、当日、横浜で開催されていた全国ジュニアオリンピックに参加していた生徒と体育館にいる全校

生徒とをつないだ。

　テレビ会議による遠隔交流は、生徒や教員の交流、授業、研修などにも活用の広がりを期待できる。　　　　　　　　（楠本　誠）

第6章 5 校外学習での活用

　本校では、1年生では「自然教室」、2年生では「職場体験学習」、3年生では「修学旅行」の校外学習を行っている。

　事前学習、校外学習、事後学習では、タブレットを活用した次のような学習がそれぞれ見られるようになった。

● **事前学習**

　事前学習では、生徒に課題設定をさせて調べ学習を行わせている。1人1人が課題を設定し、それを解決するための情報収集をタブレットPCで行っている。また、生徒間で収集した情報を伝え合うことで、情報の共有を図り課題に対する意識を高めている。

　1年生は、入学式の1週間後に宿泊を伴う校外学習を行っている。つまり1年生にとってはタブレットを初めて本格的に活用する機会であり、基本的なタブレットの活用方法についてはこのときに学ぶことになる。すべての生徒が、タブレットを活用した三雲中の授業にスムーズに参加できるようになるための機会にもなっている。

●校外学習

　タブレットは持ち運びが容易であるため、観察、記録をしたい場所に持って行くことができる。その場、その時の様子を動画、静止画などの記録資料として残すことができている。

●事後学習

　事後学習でのまとめの学習は、デジタルデータとしてまとめさせている。生徒個人が紙に書いた個人新聞をタブレットに取り込んだり、校外学習の際に撮影した写真や動画を整理したりしてデジタルデータとしてまとめる。まとめ方は学年が上がるにつれて多様になっていく。生徒の表現の仕方に幅を持たせることができるようになった。

　デジタルデータは保管、共有が容易であることから、これらのまとめは、同一学年の生徒だけでなく、学年を越えた生徒も活用可能となる。次年度、それぞれの校外学習を行う学年の生徒が「先輩が行ってきた学習」をタブレット上で閲覧できる。この活用により、学年を越えた協働学習が可能になっている。　　　　　（楠本　誠）

第6章 6 星座観察会での活用

　タブレットが整備されてから本校では年に1回、地域の小学生（5～6年生）とその保護者を対象に星座観察会を行っている。これは校区の小学生に行ったアンケートから、中学生になると「授業が難しくなる」等、勉強に不安を抱えている児童が少なからずいる

ことがわかったので、小学生に中学校の授業を体験させ、雰囲気を知ってもらいたいとの思いから始めたものである。

観察会はまず、教室でタブレットを活用した理科の授業を体験してもらう。その後、校舎の屋上で星座を観察する。本実践では星座アプリ「star walk」を活用した。このアプリは、見ている星座の方向にタブレットを向けると、その星座名が表示されるアプリである。方位だけでなく高度も連動する。例えば、星座の名前がわからない場合、その星座の星にタブレットを合わせると、画面に表示された星座に「北斗七星」などと星座名が表示される。

一度使い方を覚えてしまうと、小学生も保護者も夢中で星空を眺め始める。アンケートでは「昔は星座早見盤で見ていて天体の動きがわかりにくくて苦手でした。タブレットのアプリで詳しくみることができて星空に興味を持ちました。子どもの頃に使いたかったです」という保護者の感想や、「中学生になって早くタブレットを活用したいです」など小学生の感想が見られた。

また、タブレットを活用することで理科の天体単元の授業も大きく変わった。例えば太陽の光で見えなくなっている昼間の星座をタブレットで確認することもでき、星座観測が昼間でもできるようになった。さらに、アプリ上で時間を変えれば星座の動きをシミュレーションして見ることができ、中学生にとっては難しい学習内容である日周運動と年周運動の理解の助けになる。つまり、生徒はタブレットの活用によって、自分専用のプラネタリウムを手にすること

ができたわけである。　　　　　　　　　　　　　（楠本　誠）

第6章 7 健康観察での活用

　本校では生徒の健康観察を朝活の時間に行ってきた。これまで保健委員が中心となり、生徒に聞き取りを行っていた。その結果は名簿にチェックし保健室に届けていた。各クラスから届いた結果は養護教諭がまとめ、その情報を教師間に伝え、情報共有を図っていた。

　しかし、養護教諭から「生徒にとっては全体の場で個人情報を伝えるのがつらい生徒もいるのではないか。質問項目以外にも伝えたいことがあっても言えない生徒もいるのではないか」との指摘があった。また、教員間での共有すべき情報の伝達方法としては効率が悪いとも考えていた。

　そこで、生徒1人1人がタブレットを活用して健康観察を行うことにした。朝の生徒のココロとカラダの様子を把握し、教員間で情報を共通理解する取組として始めることになった。

・1人1台のタブレットを使って行うことで、プライバシーを保護できるようにした。

・質問はボタン式による解答に加え、記述欄を新たに作ることで、言い出しにくい思いがある生徒も書き込みができるようにした。
・カラダについての健康観察だけでなく、その日のココロの状態についても把握するようにした。
・エクセルデータとして集約できることで、その後の情報共有を容易にした。

　450人の生徒のタブレットから集まった情報は養護教諭のパソコンで整理し、それを全教員のタブレットで見られるようにした。教員は、調子の悪い状況が続いている生徒や、その日は普段とは異なる特別な書き込みをしている生徒の情報をタブレットで把握できるようになった。この取組によって、自分の心身の健康状況を正直に書き込む生徒が増え、教員間で生徒の状況を情報共有することが容易になった。

　教員はココロやカラダの不調を訴える生徒を見逃してはいけない。もちろん教員は、生徒との関わりの中で把握することは大切である。それに加えて、ココロやカラダが不調な生徒が、その思いを伝える場が学校生活の中にあることも大切である。今回の取組はその一助になったと考える。今後もさらなる活用を目指して行きたい。

（楠本　誠）

Epilogue
エピローグ

三雲中学校の5年間の実践研究をふり返って

　2015年度を終えようとしている現在、三雲中学校ではICTを活用した授業、協働学習の場面を設定した授業は「普通」の授業となり、新しく着任した教員もすぐにICTを活用した授業をできるようになっている。

　前章までの記述をお読みいただければわかるように、最初は手探り状態でスタートした。ここでは、三雲中学校の5年間の実践研究をふり返り、ICT活用、協働学習が定着した要因を整理する。

■前校長と現校長に共通する思い

　要因の1つとして、前校長と現校長に共通する思いがあると考える。筆者（長谷川）は2012年2月から三雲中に関わる中で、前校長先生、現校長先生と、何度もお話をする機会があった。その話の中から伝わってくるのは、どちらの校長先生も、先生方には三雲中学校で勤務したことが、その後の教員人生にプラスになるようにしてほしいという思いであった。通常の業務を行う中で、県の内外から年に何度も視察があったり、公開研究会が定例化したりすることは教員に負担をかけることになるが、その経験は必ず、それぞれの先生が教員として働く上で大きな財産になると思っているという話

を、どちらの校長先生からも聞いた。県外の学校視察、研究会視察等にも、毎年、数名の教員を行かせていることもその思いからの指示であろう。

管理職のその思いが、フューチャースクール、学びのイノベーション実証事業が終了した後も、ICTを活用した教育実践の研究を継続させることができている大きな要因であると言える。

■中心教員2名と確認したこと

研究をスタートするにあたって、ICT研究主任の平野先生、研究主任の楠本先生と基本的な方向性を確認した。2012年2月頃に平野先生と確認したことは、筆者が外部から関わるにあたって、「ICTを活用した授業実践は、先生方の意欲、工夫を最大限尊重し、筆者から押しつけることはしないこと」であった。ICT利用に関して抵抗感のある先生もいる中で、先進事例の利用方法を強要すれば、先生方はやらされ感を持ってしまう可能性が高い。それよりも、先生方が工夫と努力によって自分の授業を改善するためにICTを活用する、というスタンスで取り組んだ方が成功する可能性が高いだろうという考えで、平野先生と筆者の考えは一致した。これは、私が外部から関わるだけでなく、平野先生が校内でICT活用を広げていく上で留意した点でもある。

2012年4月には、三雲中に着任されたばかりでありながら研究主任を任された楠本先生と、「ICT活用と協働学習」は生徒の学力を向上させるための手段であることと、教員も協働的に学び合いながら、取組を進めていくことの重要性を確認した（P.18・図参照）。この2つの確認事項は、最初から現在まで継続している。

■印象に残った5つの発言
①協働学習、ICT活用の効果や授業観、授業デザインの変化に気づいた発言

　三雲中学校が協働学習を授業の中に取り入れて1年ほど経った2013年春に、会議の中で「協働学習を授業の中に組み込んだことで、生徒同士が話し合う機会が必然的に生まれた。そのことが生徒の対人関係能力の向上にプラスの効果を与えている」「協働学習を取り入れたことで、私たち教員の授業観、授業デザインが変わった」という発言があった。これは、協働学習の効果と教員自身の授業観の変化への気づきに関する発言である。

　多感な中学生が生活している教育現場では、日々様々な生徒間トラブルが発生するが、それが減少することは落ち着いた教育環境を作る上で非常に大きい。これは教員の実感としてだけでなく、質問紙調査の結果からも変化が見られるそうである。この効果は持続しているようで、2015年10月には別の教員から「こまごまとした生徒間トラブルは本当に少なくなった」と聞いている。そういった効果が教員間で共有されていることが、協働学習が定着した要因の1つであることは間違いないだろう。

　後者の授業観、授業デザインに関する変化については、「以前は1から10まですべて教えなければいけないと思っていた」が「今は、どこまで教えて、どこから自分たちでつかませるかを考えるようになった」ともおっしゃっていた。単に話し合いをさせるだけでなく、生徒に自分たちの力で発見させたり、理解させたりすることを目標として授業をデザインすることが定着しているからこその発言であるといえよう。

そして、2015年10月に筆者が体育のダンスの授業（P.96-97、136-137参照）を参観している最中に、体育の先生が近くに来て、「生徒が自分たちで一生懸命やっているため、授業中は各グループの様子を見て回ってコメントを言っているだけで、他にすることがあまりない」とおっしゃった。この先生も自分の授業観の変化に気づいているといえる。しかも全体を集めて説明する時間が少ないため、生徒の運動時間を十分確保するという、体育の授業の重要な条件を満たすこともできている。それに関する数分の立ち話の中で、「生徒全員が1人1台のタブレットを使用できるという環境が整っていること」「協働学習による授業がどの教科でも行われ、協働的に学ぶ学び方が定着していること」の2点が、この理想的な状態をつくり出すための、非常に大きな要素であるとおっしゃっていた。教員自身がICT活用と協働学習の両方の効果を実感しているから、定着していると言える。

②授業デザインを考えた発言

　研究打ち合わせ会議の中で、校内での研究授業の際に隣で参観していた先生の口から「これは協働学習モデルⅢだ」（P.23参照）というつぶやきが聞こえたと研修担当の先生が嬉しそうにおっしゃった。それは、授業を見ながら、この授業のデザインを分析的に見ていると研修担当の先生は捉えたそうだ。

　同様のことは、筆者が担当した指導案検討会でもあった。「協働学習の前の足場がけの場面としてこの場面を設定しました」「そう言えば、最近、有意味学習を意識せずに授業をしてしまっていることに気づきました」等の発言を、指導案検討会の最中に先生方から

聞くことが何度もあった。

　これはICTを活用した協働学習を取り入れた授業を考える前に、授業の構成・デザインを考えていることを示す発言だと考えられる。

　公開研究会前に複数回行われる、授業者と筆者が膝詰めで行う指導案検討会は4年目を迎えているが、最初の頃に比較して、指導案の検討内容が高度になってきていると実感している。

　授業構想力の向上は、教員の専門性の伸長とも関係が深い。その伸長を実感できることは、教員の意欲の高まりに大きな影響があると言える。単にICT活用、協働学習について考えるのではなく、授業デザインそのものについて考えるという姿勢で取り組んでいることが、年齢、経験年数に関係なく、全員が公開授業をできる状況を継続できている大きな要因であると考える。

③教科、学年の枠を超えた教員間の学び合いに関する発言

　指導案検討会の中で、教科、学年の枠を超えた教員間の学び合いがされていることを感じさせる発言がある。

　「これは、数学の○○先生の授業からヒントをもらった」「職員室で別の先生が授業の相談をしているのが聞こえてきて、そこからヒントをもらった」「○○先生のクラスの生徒は、協働学習の意義の説明を受けているから、掃除や給食等でもよく協力し合っている」等の発言から、先生方も協働学習をしていることがわかった。教員自身が自ら学ぼうとする姿勢を身につけ、教科や学年に関係なく、互いに学び合おうとしている。

　公立学校の宿命として、人事異動による人の出入りがある。多い年には3分の1の教員が入れ替わることもある。それでも三雲中で

体制を維持できているのは、教員が互いに学び合う文化が定着しているからではないかと考える。

④自分の授業を省察する発言

指導案検討会の中で筆者が「○○先生はこの授業で何をやりたいんですか？」と質問したら、「ほらきた。そう聞かれると思っていて、あらかじめ答えを用意してきたんです」とおっしゃった先生がいた。その先生は2012年11月の第１回の公開研究会から公開授業を行っており、筆者との指導案検討会も６回目であったため、私がいつも聞く質問を自問自答してから指導案検討会に臨んだそうである。それによって、指導案検討会の内容をより深められると考えたともおっしゃっていた。

自分の実践を省察し、意味づけをできることは、自身の実践をより高めていく上で重要である。それに自ら取り組んでいることは、自分自身の授業の質を向上させたいという意欲の表れであると考える。自主的な取組になっていることも、取組が継続している要因の１つであると言える。

⑤ICT支援員を信頼する発言

2012年、2013年頃は指導案検討会の中で、先生方の口から、ICT支援員の加藤彩菜さんの名前をよく聞いた。「それができるかどうかは加藤さんに聞いてみます」「こういうことがやりたいので、加藤さんに聞いてみます」といった具合にである。

ICT支援員の加藤さんは三雲中に関わり始めたときは19歳であり、日本一若いICT支援員であった。当然、教員免許は持っておら

ず、教育について詳しいとは言えなかった。また、ICTを活用した授業についても、一から勉強する状況からスタートした。しかし何かあったときにはすぐに教室にかけつけ、教員から相談された時にはそれを実現する方法をさがして、提案するという努力を積み重ねていたため、先生方から信頼される存在になったと考えられる。

　加藤さんに、先生からの質問に対応するために工夫していることについて聞いたところ、隙間時間を使って、授業に使えるアプリをさがしたり、授業サポートをしながら、授業でのICT活用の方法について考えているということだった。そういった陰での努力の積み重ねによって、機器操作の支援だけでなく、教員がやりたい授業を実現するための支援ができる力を身につけたと言える。それによって、ICTの活用に慣れていない教員の不安を取り除いたとも言える。

　ICT支援員によって、ICT活用を積極的にできる状況がつくられたことも取組定着の要因の1つである。

　以上が、三雲中の先生方とお話しをする中で感じたことからまとめた、ICT活用、協働学習が定着できた要因である。実際にはもっと多くの要因があり、それらが相互に良い影響を及ぼし合って、現在の状況があると思う。また、ICT支援員を含めた三雲中学校の教職員1人1人がチームのメンバーとして「権限が無くても発揮できるリーダーシップ」（日向野幹也「第9章　新しいリーダーシップ教育とディープ・アクティブラーニング」、松下佳代編著『ディープ・アクティブラーニング』勁草書房、2015年）を発揮し、それぞれがやるべきことを考えて行動した結果であると言える。

（長谷川　元洋）

あとがき

　筆者（松本）は、2015年4月からICTの先進校である三雲中学校に教頭として着任した。4月の最初の職員会議でiPadや電子黒板を使って提案がされるのを目の当たりにして、少しカルチャーショックを受けると同時に、改めてICTが授業でどのように使われているのだろうという興味がわいた。ICTの効果的な利活用と協働学習を二本柱として取り組んでいる本校の実践研究に参加する中で、ICTの利活用は、協働学習とうまく結びついてこそ、より効果を発揮すると確信した。また、本年度は複数の教員が「ジグソー法」を授業に取り入れるなど、教職員が協力し合いながら新たな学びに対して積極的に取り組んでいることが、全校体制でICTを活用できている状況を創り上げていると思っている。

　本書を手に取られた方の中には、1年前の筆者のようにICTの活用はまだこれからという方もいらっしゃれば、ご自身はICT活用の達人で、校内や地域で他の先生から相談を受ける立場の方もいらっしゃることと思う。

　毎年、人事異動のある公立学校が、全教職員で協力し合いながら組織としての実践を継続してきた本校の取組は、その双方の立場の先生に参考にしていただけるものと思う。

　本校の研究はまだ道半ばであり、課題が多いのも事実である。これからも全国の先生方と共に学んでいきたいと考えている。

　　　　2016年3月

　　　　　　　　　　　　　　　　　　　　松阪市立三雲中学校

　　　　　　　　　　　　　　　　　　　　　教頭　松本 賀美

編著者一覧

堀田　龍也　東北大学大学院情報科学研究科教授　**特別寄稿**

小柳和喜雄　奈良教育大学大学院教育学研究科教授

楠堂　晶久　松阪市教育委員会事務局子ども支援研究センター
　　　　　　指導主幹兼情報教育担当

長谷川元洋　金城学院大学国際情報学部教授　**監修・著**

松阪市立三雲中学校　**編　著**

川口朋史（校長）

川田公也（前校長／松阪市立中部中学校長）

松本賀美（教頭）

楠本　誠　　　平野　修（松阪市立飯高東中学校）

西　義伸　　　橋本　肇　　　林　真里

山本祥子　　　青木信也　　　山口雅史

川口一生　　　湊川祐也

平松幸三（三重大学教育学部附属中学校）

大北　浩（松阪市立西中学校）

梅田千尋（松阪市立中川小学校）

上村千奈津　　茨木雅幸　　　服部　茂

出江知恵　　　青木智美（大台町立日進小学校）

永井秀治（伊賀市立上野南中学校）　　廣瀬有一

豊田多希子　　坂口友視　　　谷　和音

山﨑　瞳　　　熊田和也　　　田中みはる

※カッコ内は現在の所属・役職

協力

加藤彩奈（イー・ダブリュ・エス株式会社／三雲中学校ICT支援員）

末永裕惟（イー・ダブリュ・エス株式会社／三雲中学校ICT支援員）

※所属・役職は2016年3月時。

※本書に記載されている製品名、会社名は、各社の商標または登録商標です。

松阪市立三雲中学校

〒515-2115
三重県松阪市中道町345
TEL:0598-56-2329

無理なくできる 学校のICT活用
―― タブレット・電子黒板・デジタル教科書などを使ったアクティブ・ラーニング ――

2016年3月31日　初版発行
2022年4月25日　第8刷発行

監修・著者 ──── 長谷川 元洋
編 著 者 ──── 松阪市立三雲中学校
発 行 人 ──── 安部 英行
発 行 所 ──── 学事出版株式会社
　　　　　　　〒101-0021　東京都千代田区外神田2-2-3
　　　　　　　☎03-3255-5471
　　　　　　　HPアドレス　http://www.gakuji.co.jp

編 集 担 当 ──── 二井　豪
デ ザ イ ン ──── 細川 理恵
編 集 協 力 ──── 上田　宙（烏有書林）
印刷・製本 ──── 電算印刷株式会社

©Hasegawa motohiro &
Mikumo Junior High School, Matsusaka City, 2016

乱丁・落丁本はお取り替えします。
ISBN 978-4-7619-2190-3　C3037　　　　　Printed in Japan